文治
© wenzhi books

更好的阅读

〔日〕上野千鹤子 著

〔日〕信田小夜子 著

吕灵芝 译

身为女性的选择

国际文化出版公司
·北京·

图书在版编目（CIP）数据

身为女性的选择/（日）上野千鹤子，（日）信田小夜子著；吕灵芝译.--北京：国际文化出版公司，2023.3（2023.3 重印）
ISBN 978-7-5125-1495-9

Ⅰ.①身… Ⅱ.①上…②信…③吕… Ⅲ.①性社会学 Ⅳ.① C913.14

中国国家版本馆 CIP 数据核字（2023）第 002842 号
北京市版权局著作权合同登记 图字 01-2022-6645 号

KEKKON TEIKOKU
by CHIZUKO UENO and SAYOKO NOBUTA
Copyright © 2011 CHIZUKO UENO and SAYOKO NOBUTA
Original Japanese edition published by KAWADE SHOBO SHINSHA Ltd. Publishers
All rights reserved.
Chinese (in Simplified character only) translation copyright © 2022 by Beijing Xiron Culture Group Co., Ltd.
Chinese (in Simplified character only) translation rights arranged with KAWADE SHOBO SHINSHA Ltd. Publishers through BARDON CHINESE CREATIVE AGENCY LIMITED, Hong Kong.

身为女性的选择

作　　者	〔日〕上野千鹤子　信田小夜子
译　　者	吕灵芝
责任编辑	侯娟雅
选题策划	潘　良　于　北
特约策划	胡马丽花
出版发行	国际文化出版公司
经　　销	国文润华文化传媒（北京）有限责任公司
印　　刷	三河市中晟雅豪印务有限公司
开　　本	880 毫米 ×1230 毫米　　32 开 9.25 印张　　　　　　　　114 千字
版　　次	2023 年 3 月第 1 版 2023 年 3 月第 2 次印刷
书　　号	ISBN 978-7-5125-1495-9
定　　价	56.00 元

国际文化出版公司
北京朝阳区东土城路乙 9 号　　　邮编：100013
总编室：（010）64270995　　　　传真：（010）64270995
销售热线：（010）64271187
传真：（010）64271187-800
E-mail：icpc@95777.sina.net

目 录

译者前言　　　　　　　　　　　　　　　　　　　1

前言——上野千鹤子　　　　　　　　　　　　　　5

文库版前言——上野千鹤子　　　　　　　　　　　7

第一章　性规范与性行为落差巨大的"30代"　　001

"30代"是性行为的分歧点　　　　　　　　　　003
专栏："30代"是女性的分歧点？　　　　　　　　005
拥有"10代"子女的父母辈的性行为　　　　　　010
在"40代"开始升高的欲望水压　　　　　　　　014
对"30代"的"相对剥夺"　　　　　　　　　　017
对单女有利的"被动性解放"　　　　　　　　　020
父母辈，"60代"的性革命　　　　　　　　　　021
被否定的"性豪"　　　　　　　　　　　　　　023
身为女性的存在证明　　　　　　　　　　　　　025
母亲令女儿割裂　　　　　　　　　　　　　　　027
会算计的现实主义者　　　　　　　　　　　　　029
综合岗的女儿是"长了女人脸的儿子"　　　　　031
没有人生规划的女儿，只考虑自己养老的母亲　　033

不断扩大的女女差距	035
正在变成不良债权的"非正式雇用·非婚'30代'女性"	036

第二章 "不可替代性"的解体与纯爱愿望　041

名为"奢侈品"的符号	043
"30代"单女的自恋式消费行为	048
不保养就活不下去？	050
"好拿下的男人"是种羞辱	052
东大女与圣心女大女	054
被称作"无可替代的关系"的比翼鸟幻想	055
"舍我其谁"的自我中心世界	058
"30代"单女走投无路？	060
"性的赏味期限"已延长	063
身为诱惑者的女人	066
身为"男性欲望对象"的自觉	069
上野之父，信田之父	071
女性性资源的利用	073

第三章 "无爱也可有性"明明是常识　077

已婚女性现已加入婚外恋市场	079
离婚率不上升，婚姻空洞化	082
空洞化的恶果落到谁头上？	083
舍弃幻想就能脱离苦海	086
陷入"关系"泥沼的现代家庭	087

非婚现象再怎么发展，结婚意愿依旧不减	089
婚姻的快感与陶醉	091
脱光能改变什么？	094

第四章　男人的"爱"与性行为　　097

男性讲述的自身的性行为	099
过于陈腐的男人	103
支配与疼爱互为表里	105
性伤害，加害者之谜	108
无关性欲	110
"积久则出"的神话	113
支配的烙印	115
男人不懂爱	116
将占有误认为爱的女人	117
"花街老鸨"与"隐忍之妻"	118

第五章　难道只有去势，才能断绝暴力？　　123

日语中没有译语的DV	125
公共介入是否可能	127
管控还是援助？	131
直白的男性支配象征	132
"绅士的男人"与"绅士的军队"是相同的悖论	134
男人的根基被动摇	137
主张暴力正当化的男性	141

能言善辩的男人也会动手的谜团　　　　　　　　143

"心理咨询师的社会性别"问题　　　　　　　　147

人不打会还手的人　　　　　　　　　　　　　　149

第六章　婚姻难民何去何从　　　　　　　　153

离了婚就是结婚帝国的难民　　　　　　　　　　155

是否存在不加入婚姻制度的选项　　　　　　　　157

CLASSY,也要败给VERY　　　　　　　　　　　158

用伤痕累累的身体守护尊严　　　　　　　　　　161

不离婚背后的力量博弈　　　　　　　　　　　　163

孩子是自保的手段　　　　　　　　　　　　　　165

留在DV丈夫身边的理由　　　　　　　　　　　167

对"不可见的未来"的想象力　　　　　　　　　170

"那个人很强大，可是我……"　　　　　　　　172

压抑得久了就站不起来　　　　　　　　　　　　176

受害者避免成为加害者的唯一方法　　　　　　　178

"孤独"是一种痛快　　　　　　　　　　　　　182

第七章　点评"心理咨询师无用论"　　　　185

只要有同伴就无须心理咨询师？　　　　　　　　187

在强悍的专家支配之下　　　　　　　　　　　　191

从市场原理审视心理咨询　　　　　　　　　　　194

心理咨询的技巧界限　　　　　　　　　　　　　198

心理咨询师与尤塔的区别　　　　　　　　　　　200

被带入家庭的PTSD 202

"AC和性伤害都靠自主申告"的问题 206

"毁灭心理""毁灭心灵" 209

第八章 人必须具有社会性吗？ 213

待婚女的困境 215

不承认非婚生子的真正原因 217

歧视单母家庭的根基之处有什么 219

丈夫的根基、父母的根基、子女的根基 220

女性主义是女强思想吗？ 222

名为"自我实现"的幻想 224

替代"自立"的表述 226

"如何才能有干劲"的疑问 228

"20代""作茧自缚"，"30代""自作自受"，
"40代""自掘坟墓" 230

"可爱老太太"的意识形态 232

围绕看护的十年变迁 234

"赌气看护"的牺牲者们 236

"子女反哺"的发言不可原谅 238

啃老亦枉然，十年即破 240

文库版特别对谈 245

后记——信田小夜子 273

文库版后记——信田小夜子 277

译者前言

作为一名图书译者，我对于女性主义、社会学和婚姻的专业性自然不能媲美上野老师和信田老师。两位老师在书中以对谈的方式探讨了女性视角下的性行为、爱情观、婚姻现实、男性观察、家庭暴力、婚姻难民及其心理分析等话题。两位私交甚笃的女性凑在一起，无需顾忌客气和体面。她们的"Locker-room talk"直白而针针见血，并且大胆豪放，以至于译者根据语境使用的译语过于露骨、偏激，需要改良方能定稿。在编辑的提议下，我决定写一篇序文作为作者与读者之间的衔接。虽说如此，由于专业不同，我能讲述的也只是一个"30代"中国女性在婚姻存续的状态下遇到的一些现象。若各位读者能将其与本书内容联系起来，并由此产生一些思考，便是万幸。

我的身份是已婚的女性自由职业者，在社保分类中属于"灵活就业人员"。最初成为灵活就业人员时，我并没有感到什么不便，短期内也未因为女性的身份遇到过什么特殊的问题。随着年龄增长，我渐渐需要处理更多的生活上的事务，比如替一直身在国外、准备回国的母亲在家乡买房。过程不做赘述，买房的结果就是我不得不以我丈夫的家庭成员的身份进行登记，哪怕买房款全部由母亲支付；又或是社区上门要求登记家庭成员信息，需要填写的表格上专门有一栏着重说明：该表格的第一行必须填写序号①，并在后面填写丈夫信息，序号②填写妻子信息，社区派来的"临时工"并不能解释这个排序规定；再比如，我需要在四大银行之一的某个银行办理一张Ⅰ类储蓄卡，大堂经理要求我提供收入来源，并表示不能填写"灵活就业人员"或"自由职业收入"。听完我有所领悟，干脆让她给出填写建议，果然，一名女性灵活就业人员的收入来源在银行眼中，只能是"丈夫"。由于着急回家，并且有了社区"临时工"的经验，我并没有费心问那位经理男性灵活就业人员的收入来源是什么。

前面说到我也是"30代"的女性，在我那个年代，婚姻还是恋爱的延长。而现在打开社交网站上的帖子，恋爱似乎成了一种奢侈品，而婚姻成了与之无关的东西。那么，是婚姻发生了改变吗？其实自古以来，婚姻就是与继承紧密相连的制度，婚姻的目的从来都是财产的安置和传递。将其放到父权制的背景中，还必须保证后代绝对出于男性家长。婚姻的逐渐演变就是家庭规模不断变小，变成了现在看似正常的"父母－子女"家庭，很多人都意识到了这个模式的问题所在——只有两名家长，通常还是"男主外女主内"的状态，养育后代的重担就这么落在了妻子一个人的肩上。英语中有句俗话揭示了这个模式的矛盾之处："It takes a village to raise a child."（养育一个孩子需要一整个村庄）。这时我们就要发出疑问了：父权制背景下的婚姻及生育模式，真的正常吗？

对此，上野千鹤子和信田小夜子在本书中进行了探讨。敬请细读。

前言

上野千鹤子

从统计数据中可以看到一个有趣的事实:"30 代"[1]的日本女性其实是日本社会非婚化·少子化的先驱。在《男女雇用机会均等法》颁布后,走上社会的后均等法世代[2]理所当然地具备平等意识,但实际上,她们都撞上了男权社会的坚固壁垒,体验过"玻璃天花板"。受到漫长的经济不景气和愈演愈烈的雇用灵活化影响,这个人群的利益因派遣职工和临时职工的身份而饱受损害。虽说如此,但她们非但难以忘却泡沫经济时期的繁荣景况,还因为寄生于原生家庭,得以享受高消费生活。与此同时,生育的"生物钟"正一分一秒地在逼近,女人的"赏味期限"已然临期。原本被她们视作依靠的父母,也逐渐转向了老龄、需看护的状态。无论结婚与否,她们都躲不过看护父母的

---

[1] 本文中出现的"30 代""40 代"等均为日式用语。例如"30 代",指的是"三十至三十九岁的人群(强调未满四十岁)"。(编者注。本书除特殊说明外均为原书注。)

[2] 指日本 1986 年颁布《男女雇用机会均等法》以后出生的世代。(译者注)

结局……我一直认为，这个世代的动向，将会决定日本社会不远的未来方向。我还认为，发生在这个世代的这种现象在日本社会将一闪即逝，今后将不会重演。换言之，她们是日本社会处在彻底变化的过渡期的世代。

我一直希望能与敬爱的朋友信田小夜子共同探讨以这个世代为中心的日本女性，探究其"现实"究竟如何。信田女士是一名心理咨询师，时刻在一线直面不同女性的心境问题。我身为一名社会学研究者，则在关注宏观和微观数据。将我们各自的观察结果和经验摆在一起，也许会得到很有意思的答案。本书的编撰，就是源于这个预感。

由于各种问题，本书在对谈结束近两年后才得以出版。现在回过头看，本书的分析内容可算是先于酒井顺子女士的《丧家犬的呐喊》（讲谈社，2003年），从宏观和微观两方面印证了小仓千加子女士的《结婚的条件》（朝日新闻社，2003年）。

在英语里，同性伙伴大胆露骨的谈话被称作"Locker-room talk"。虽然我将其视作珍宝，不想让别人知道，但是我希望，你也能偷偷加入其中……抱着这样的愿望，我在此送上本书。

2004年 切盼樱花盛开之时

文库版前言[1]

上野千鹤子

多年前的对谈重获新生，要在别的出版社做成文库版了。对近未来的预测，有时会应验，有时会落空，因此每个人都害怕做这个。不过幸运的是，那次对谈应该证明了我的预测能力并不算差。尽管如此，这十年的变化还是很大。虽然我没有猜错变化的方向，但远远低估了变化的速度。于是，我们决定在原文基础上增加新对谈，以增补版的形式付梓。

能在"婚活"[2]的热潮中让本书再度面世，我感到十分高兴。这本书最初的书名是《结婚难民》。我向旧版的出版社提出这一方案后，对方认为"难民"一词不够积极向上，不予通过。不久之后，别的出版社出版了同样书名的书，于是这个书名再也不能用了，这实在令我

---

[1] 这版前言是第一次出版的单行本的前言，文库版前言是收录文库后加上的前言。（译者注）
[2] 婚活：日语词汇，指积极寻求伴侣的行为。（译者注）

遗憾不已。我认为，"难民"一词能精准地表达出"往前一步是地狱，驻足不前也是地狱"的感觉。

结婚并不能让人生重启，不结婚也不代表前途一片黑暗。家人固然可以提供一定的安全保障，但有时也会化作最大的风险。对男性来说，婚姻不过是人生的一部分。现在对女性来说，婚姻的意义也在向它靠拢。这是一件好事。婚姻并不会让人生彻头彻尾地改变。有时丈夫和子女能带来好处，有时反倒是没有更好，不过如此而已。婚姻并不是非经历不可的事情，一旦有了这样的观念，人就有余力去思考：什么才是好的婚姻？什么才是好的家庭？我认为，结婚和离婚都能成为一种选项的社会，对女性来说才是更好的社会。

当各位听到来路不明的大叔和大婶唠叨"先赶紧找一个再说""别挑三拣四了"的时候，请不要理睬那些不负责任的言辞。（笑）因为那种时代早就过去了。

2011 年 4 月

第一章

性规范与性行为
落差巨大的"30代"

"30代"是性行为的分歧点

上野　在《数据统计：NHK[1]日本人的性行为·性意识》(日本放送出版协会，2002年)这本书中，我与社会学家官台真司根据调查数据做了一场对谈，那些数据明确显示了日本人的性行为（与性相关的欲望与观念）特征及社会性别差异（社会性别是文化社会造成的性别差异），连代际差异都体现得非常清楚。

由此可以看出，"30代"是性意识与性行为的分歧点。而且，"30代"还是非婚少子化潮流的主力军。三十岁出头的女性，有三分之二结了婚，三分之一未婚。男性则几乎一半未婚。

"30代"人群与上一代的分歧十分明显。她们一方面接受了上一代价值观的熏陶，另一方面却在行动上出现了变化。换言之，她们自身的性行为虽然发生了变化，但其超我[2]仍在对其做出规范性的Yes和No的判断。因此可以说，"30代"女性始终生活在意识与行为的"割裂状态"。这些特征都明显地体现在了数据中。我认为宏观调查的数据绝不可小觑。

意识与行为的"割裂状态"到了"20代"和"10代"的身上便

1　NHK是指日本广播协会。（编者注）
2　弗洛伊德提出的概念，是指由社会规范、伦理道德、价值观念内化而来的追求完善的境界。（译者注）

消失无踪了。因为这两代人的意识规范也已经随着变化的行为而发生了变化。从中可以看出什么呢？将"30代"视作分歧点，那么规范与行为一致的就是"40代"以上的人群。"40代"以上的女性现在已经成了初、高中生，也就是"10代"人群的母亲。因此通过数据可以预测出，"30代"女性将会亲身经历性规范与性行为的割裂，而"10代"和"20代"的年轻女性，则会与母亲那一代形成对立。那么就能看出，"10代"和"20代"的年轻女性与"40代"以上的母亲世代在性行为方面存在着断崖式的差异，甚至可以说是互为异文化（参照第005页图表）。

这就是宏观的动向。在思考当今日本人性行为的变容[1]时，可以预测到"30代"和"女性"将成为关键词。而我最感兴趣的是，信田女士从心理咨询的视角出发，针对这一变化观察到了什么样的现象。

信田 我从1995年开始，已经从事了七年的心理咨询工作。在谈论"30代"之前，我对上野女士的上述发言最感兴趣的部分，其实是拥有"10代"和"20代"出头的女儿的母亲世代。正如你刚才的预测，这个人群目前已经陷入半狂乱状态，源源不绝地向咨询中心涌来。

1　变样、改观、演变，指外观或样子等发生变化。（编者注）

专栏:"30代"是女性的分歧点?
——读《数据统计:NHK日本人的性行为·性意识》

上野千鹤子

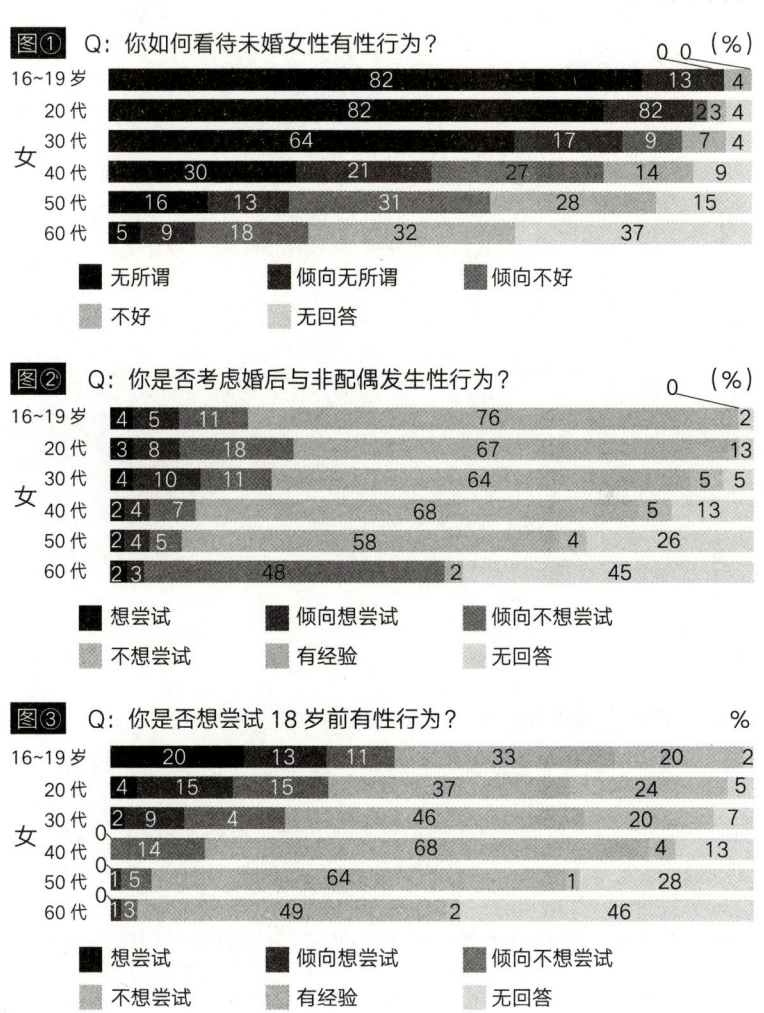

出处：
● NHK"日本人的性"制作组编《数据统计：NHK 日本人的性行为·性意识》（日本放送出版协会，2002 年）

调查概要：
● 调查实施时间：1999 年 11 月 25 日—12 月 12 日
● 调查方法：自主填表、当面填写、密封回收
● 调查对象：全国 16~69 岁公民，300 个地点合计 3600 人
● 取样方法：根据住民基本台账实施分层两阶段随机抽样法
● 有效回答数：2103 人
● 回收率：58.4%
● 结构：
· 性别 男：女 = 50.1 : 49.4
· 年龄 10 代：20 代：30 代：40 代：50 代：60 代
　　　= 6.6 : 20.4 : 17.8 : 19.3 : 20.0 : 15.9

世代性断裂——图①

· "40 代"以上存在着巨大的世代性断裂

此前，人们一直把婚姻当成性爱的通行证。正因如此，才会产生"初夜"这个词，意指进入婚姻的同时也是性生活的开始。

图①的问题是展示婚姻与性爱割离的性革命指标之一。"30 代"回答"无所谓"的人数激增，约为"40 代"的两倍。"30 代"以下回答"无所谓"与"倾向无所谓"的人数超过 80%，由此可以看出"30

代"以下与"40代"以上存在着极大的世代性断裂。

越年轻越保守——图②

对婚前性行为持宽容态度的"30代"以下，显示出了对婚外性行为的保守态度。有趣的是，随着年龄的下降，"想尝试"和"不想尝试"的数据都在上升。"不想尝试"的数字占压倒性优势，可以看出越年轻越保守的倾向。由此可见，越是年轻的世代，就拥有越强烈的浪漫主义爱情观，推崇婚前的自由性爱和婚后的互相守贞。

另外，在提问是否"有经验"时，得到了有趣的结果。婚外性行为的经验率自然具备以下两种特征：①结婚率越高则经验率越高；②年龄越大经验累计率越高。而"30代"的婚外性行为经验率有5%，结合"想尝试"和"倾向想尝试"这两种潜在愿望，可以预测：这个世代在成为"40代"和"50代"后，其婚外性行为实际经验率将会超过现在的"40代"和"50代"。由此可以看出，"30代"一面在意识上渴望浪漫主义爱情观，一面却以实际行动反其道而行之。

两头不靠的"30代"——图③

年轻时代给了较多肯定的回答，反映出性行为的低龄化。"想尝试"和"倾向想尝试"的回答在"20代"和"10代"人群中激增，可见"30代"在其中属于两头不靠的世代。再看"有经验"这一项，"10代"回答"想尝试"的人数占20%，回答"有经验"的人数占20%，可以说是言行一致。但是"30代"回答"想尝试"的人数为2%，回答"倾向想尝试"的人数为9%，合计11%。相对的，"有经验"的人数却占20%，证明这个人群里存在着一些人，她们并非"想尝试"，却有过不情愿的性经验。

意识与行动的割裂现象在这个世代变得显著起来，她们的数据与上几代人相比，存在着极大的断裂。

"割裂状态"的"30代"——总结

从整体观察性意识与性行为的代际变化可知，"30代"是一个分歧点。其上和其下的世代虽然在意识和行动两方面都背道而驰，但各自保持着内部一致。唯有这个世代的意识和行动存在割裂，显示出了过渡期世代的特征。换言之，她们的头脑受到了旧世代性规范的影响，实际行动却发生了变化；或是性意识发生了变化，行动却未能跟上脚步，正在经历着"割裂状态"。

按世代划分，以"30代"为分歧点，"40代"以上与"20代"以下人群的性意识和性行动存在着很大的代际断裂。假设现在的"10代"和"20代"人群的父母时代是"40代"和"50代"人群，那么可以推测，亲子之间针对"性"的问题存在着很大的代沟。

上野 这种趋势并不奇怪。在她们看来，家里十几岁的女儿可谓无法理解的异人种。不过现在的年轻女孩已经不处在规范与行动的割裂状态，她们并不会感到矛盾。这些孩子面对代沟，不会将其归结为自身的问题。反倒是她们的母亲无法接受自己与孩子的代沟，认为那是有问题的行为。

信田　正是如此。此前还发生过与之相关的事件：东京都练马区某家庭内有一名不愿上学的初三女生，其母亲无法忍受她的家庭暴力而将其杀害，并将遗体放置在了大型冻柜中（2002年7月）。得知这件事时，我意识到，来向我们求助的半狂乱的家长其实与那位母亲只有一层窗纸之隔。我认为，那位母亲杀害女儿的真实动机并非家庭暴力，而是女儿不去上学，还每天在外夜游。

在深夜的街道上徘徊，寻找新的立足之处，这是一种求生行为。然而在母亲眼中，那却成了不可原谅的行为。接下来只是我的想象：那位母亲可能为了阻止女儿的问题行为，最后才演变成行凶。女儿每天晚上化妆出门，母亲一阻止，她就对其施展暴力。于是，母亲为了让女儿再也无法出门，趁她午睡时捆住了她的手脚。女儿睡到傍晚醒来，发现四肢被束缚，恐怕会大声质问母亲，然后拼命挣扎。母亲趁女儿无法自由行动，忍不住将其掐死了。

上野　那位母亲几岁了？

信田　案发时是四十九岁。我平时会接到很多与之类似的咨询，而且咨询者都是母亲。我会觉得："这有什么问题？"但那些母亲大多已经陷入半狂乱状态，对我说："她原本不爱上学，后来好不容易去学校了，却变得很爱玩，经常夜不归宿。"

上野　是什么原因让她们陷入半狂乱状态呢？

信田　就是刚才提到的"规范"。她们内心有一种自认为"理所当然"的规范，就算极力放松了，她们还是无法原谅女儿的行为。

拥有"10代"子女的父母辈的性行为

上野　再以刚才的大数据为例，"40代"以上人群的性规范与性行为相对一致。信田女士和我也许是例外，但我们"50代"人群的绝大多数都是以处女身相亲或恋爱，然后步入婚姻，一生只与丈夫发生过性关系。家庭主妇投稿杂志 Wife 的读者调查显示，"40代"以上已婚女性的非婚性经验率约为每六人中有一人（Wife 编辑部《性，妻子们的信息》，径书房，1984年）。这个调查在1983年实施，当时的对象人群是现在的"60代"。

信田　这就是上野女士说的"一穴主义"[1]？

上野　真要说的话，应该是"一本主义"[2]。然而主义是可以选择的，所以也不对。实际上那些并非选择，而是对习惯的盲从，自然而然变成这样的。而且她们的丈夫也不谙世事，没有照顾女性的意识和技巧，

1　此处沿用日语，指男性只有一个性伴侣。（编者注）
2　同上，指女性只有一个性伴侣。（编者注）

只懂得让自己爽。结果就是很多女性在生活中，是无法得到性满足的。我那一代人是森瑶子的偷情小说和《金妻》[1]的受众。如果真的有实际行动，恐怕谁也不会去看那种东西了。

可以确定的一点是，当时的欲望水压极度高涨。但很难说有人将其付诸行动。"40代"以上就是这么一群保守的人。而"30代"是一个分水岭，开始向次世代疾速转换，因此将性行为封闭在婚姻关系中的母亲世代体会到了自己的生存方式被女儿全盘否定的感觉。可以这样说吗？

信田　我觉得事情没有那么简单。

上野　我一说这种话，这个人就会这样说。（笑）

信田　如果能如此明确地定义，反倒不算什么难事。事实上，她们并没有如此高度的自觉，想法反倒极为单纯。这些母亲只是单纯地无法原谅"不正常"。我想，她们内心的恐惧，其实是"这孩子照这样下去就不正常了"。

上野　但是这种恐惧背后，其实有着"我明明这么努力当一个正常人"的怨气吧。

信田　当然是的，但她们并没有发展出感觉自己遭到否定的意识。如果有那种意识，具备了当事人的自觉，那当然更好。但她们实际上是极度短浅地与常识结了婚。

1　《金妻》：指 1983 年一炮走红的电视剧《给星期五的妻子们》（『金曜日の妻たちへ』）。是偷情电视剧的开山之作。

上野　的确，那个人群大都没有多想，只觉得大家都这样就糊里糊涂地结了婚、生了孩子。所以问题压根儿没有到达选择的层次，她们恐怕没有做选择的记忆。

信田　然而，自己承受了莫大的痛苦生下来的女儿，却有了与自己截然不同的行动，她们倍感惊愕。正因如此，我认为那只是单纯的震惊而已。

上野　其实还有另一点，就是希望支配孩子人生的支配型母性。

信田　从我们的角度看是这样的，但站在她们的角度，就会发现她们压根儿没有意识到那么深的问题。

上野　回到之前绑住女儿不让她外出的事件，我想那位母亲会说："我没想到会杀了她。"

信田　你觉得她没想到吗？

上野　捆绑是保护自我的行为，还是"为了孩子好"的母性借口？

信田　那肯定是"为了孩子好"吧。

上野　……她会这样说吗？

信田　应该会。

上野　她在法庭上也会这样主张吗？

信田　我认为会。即使在调查过程中，她也强调了难以忍受女儿的家庭暴力这点。这证明她的受害者意识很强。

上野　如果这种时候她能说出"我是为了自保"，那反倒是有理有据的选择。可如果她说"难以忍受家暴"或者"无法原谅孩子的离经叛道"……

信田 其实她绑住孩子不是因为遭受了家庭暴力。当然，她可能确实难以忍受家庭暴力，但她到最后应该会把概念偷换为"不让孩子出门是为了孩子好"。

上野 如果那个时候母亲能说出"我是为了自保"这话，那么她就完成了明确的母女分离，使自己具备了当事者性。

信田 她完全没有做到。我认为，当事者性缺失的一个明显范例就是婚姻。女性轻易被"常识""正常"这类概念操控，或是干脆与之联手，主动浸淫其中。正因为她们的活法是这样，母亲一方才不会有孩子打破规范的行为伤害到了自己的意识。

上野 嗯……果然那位母亲并没有形成"自我"啊。不过上了法庭，她恐怕能博得大众的同情。

信田 因为大众普遍同情不具备"自我"的人。

然而，这件女女相害的案子依旧令人唏嘘。来寻求心理咨询的人，也有同类型的母亲，她们虽然没有杀死孩子，但一部分人会偷看女儿的手机和记事本，追踪她们的所有行动。甚至有的母亲会埋伏在女儿的必经之路上跟踪她。有的母亲会偷偷给女儿的交往对象打电话，要求对方"离开我女儿"。总之，她们就是要不择手段地让女儿回归"正常的生活"。那种能量真的很惊人，其中也不存在"自我"的意识。

上野 我接下来要说的话也许是问题发言。让女孩脱离闭门不出的状态的一个契机，是"性的呼声"。十几岁的男生每晚走在大街上跟踪某个人，那是彻头彻尾的跟踪狂行为。但是换成女孩子，只要每晚在大街上走，就会有男人主动贴过来。对那些在家庭和学校都找不到归属感的女生来说，那就成了寻找立足之地的绝佳机会。正因如此，借助"性的呼声"让女儿走出家门，将其视作机会的家长……应该不存在。（笑）

信田　她们反倒会说："这可怎么办，我女儿变得那么不检点了……"她们现在还会用"不检点"这个词。

上野　"40代"女性吗？

信田　有"40代"也有"50代"。听到那个词时，我总会忍不住说："不检点已经是死语了吧。"

上野　那么，说这话的人当然会说"我从未做过这么不检点的事情"。

信田　那是理所当然的前提。

在"40代"开始升高的欲望水压

上野　在后金妻世代的"40代"女性中，情况慢慢发生了变化，可以感觉到她们欲望的水压正在升高。同世代的女性之间激起了不安定的噪声。媒体毫无罪恶感地让偷情的女人登场，大力宣扬性爱是一种享乐、技术不好的男人不行……与之相对，"60代"以上的女性，就算没有快感，她们也会认为"就是这样"，一辈子不去追寻。

说到"就是这样"，社会学中有一种概念叫"相对剥夺"，英文写作"relative deprivation"。说白了，就是悲惨没有"绝对"。只有发生了比较，才会产生悲惨的认知，若没有比较对象，人就意识不到自己的悲惨和贫瘠。大家都穷，就不存在贫穷。这个现象只到"60代"为止。

到了"40代"和"50代"的人群，周围开始出现与她们不同的范本。这让她们产生了"只要我愿意，或许也能做到"的想法。然而，她们并不会实践。因为实践的后果太严重，成本太高昂。因此，即使欲望的水压不断上升，她们还是会遵守社会规范。

信田 那是什么欲望呢？

上野 虽说是欲望，但不一定是性的欲望。因为一切欲望都是由社会催生并煽动的。

信田 我不需要维持现在这样的自己，也就是大可不用维持现状。欲望就是从这里生成的吧。

上野 是的。而且社会上还出现了范本，向她们证明就算付诸行动，也不一定会遭到制裁。

我认为，女性周刊和媒体起到了制裁打破规范行为的作用，换言之就是充当了大众的出气筒。正因如此，人们对战败的英雄才会有过剩的攻击。譬如，"40代"出头的松田圣子[1]。假设山口百惠[2]是贤妻良母，松田圣子则是公然违反规范还能面不改色活下去的范例。

信田 松田圣子？真的能这样说吗？那个人感觉是利用婚姻的谋略家，不像是违反规范。

上野 那我们就不说这个了吧。因为我跟小仓千加子不一样，不熟悉演艺界的事情。（笑）

噪声增强了，那些遵循旧习生活的人开始感觉到欲望的水压逐渐高涨，起反作用力，就体现为了攻击性的表达。可以这样想吗？

信田 你认为练马区的捆绑杀害事件就是这种性质？

上野 是的。

信田 也许有一点这个因素在里面。所以她们会狂乱、过激，甚至杀死女儿。

上野 关于援助交际，很多人写了很多书，其中最让我有感触的是速水由纪子的文章。（速水由纪子《消费社会的少女们的性行为》，河合隼雄、上野千鹤子共编《现代日本文化论第8卷　欲望与消费》，岩波书店，1997年）她认为，援助交际是母女两代共同营造的产物。援交的辣妹将母亲被隐瞒和压抑的欲望体现在了自己身上。当然，那是为了反抗母亲。

信田 这么说也有点道理。也许用她们的话说，就是"我才不要活成

1　日本著名女歌手，代表作《裸足的季节》《青色的珊瑚礁》等。（编者注）
2　日本著名影视女演员、歌手。主演《伊豆的舞女》等。（编者注）

那个蠢样呢","当家庭主妇有什么意思啊"。

上野　在女儿的世代眼中，母亲可能给人一种封印了欲望的感觉吧？

信田　嗯……"欲望"这个词总感觉有点不准确。我当然明白上野女士说的"作为社会性产物的欲望"，但好像有些地方不太对，究竟是什么呢？

上野　那个放到后面再思考吧。

对"30代"的"相对剥夺"

信田　"30代"女性是分歧点，那她们的父母就是"60代"了。

上野　没错。话说回来，山田昌弘他们搞啃老单身族[1]调查是在20世纪90年代中期（宫本道子、山田昌弘、岩上真珠《非婚化社会的亲子关系》，有斐阁，1997年）。当时他们的调查对象是二十五岁到三十五岁年龄层的单身人士，也就是说，他们是现在"30代"非婚少子化的先驱世代。这证明他们的父母一代拥有足够的家底可供孩子啃老。"60代"的父母在经济不景气和大范围裁员之前就已退休，并拿到了丰厚的退休金，可以说，他们是第一代，也是最后一代完整享受

---

[1] 啃老单身族：指成年后依旧与父母同住，在生活费和家务方面依赖父母的单身人群。日语使用"寄生虫"一词形容"啃老"，由社会学家山田昌弘命名。

到了经济高度成长利好的人。而下一代人并没有那样的保障。正因为这一代的家底雄厚，才给儿女啃老提供了可能。

说到"30代"的婚姻，现在（2002年9月）平均初婚年龄是二十七岁。三十岁女性的单身率大约在25%，但是在首都圈，三十五岁的单身率仍保持在30%上下。到了"40代"，单身率就骤然下降到10%以下。此外，"30代"的离婚率也在上升，越来越多的人正在恢复单身。离婚件数最高的时期是婚后一年以内。换言之，就是烂苹果无须吃到最后一口才幡然醒悟。

离婚率在婚后三年这个时间点会有所减少，然后迎来第二个峰值。"30代"离婚的一个特征是：子女的有无和低龄子女的存在已经无法成为抑制离婚的因素。

信田　就是说，就算孩子还小，她们也会坚决离婚。

上野　"30代"围城内外的人数大致是2∶1的比例。这个世代也是后均等法世代，人们的工作年限趋于长期化。她们找工作时正值泡沫经济时代，因此非常轻松，但由于后来经济下滑，一旦辞职就再也无法回归社会。她们深切体会到了这一点，所以无论多么痛苦，都会抓住自己的工作。正因如此，她们的工作年限很长，也有比较好的收入，基本上都混到了中间管理层的岗位。

从相对剥夺的理论出发，已婚女性一开始是上升的。因为有了这个"上升"，已婚女性都抱有"高人一等"的感觉，但是到了三十五岁左右，带孩子的女性就会发现自己跟持续工作的女性之间出现了显著的时间资源与货币资源的落差。连续工作十年以上，即使是普通岗位的 OL[1] 也能达到年薪五百万日元以上。她们的可自由支配财产相对那些拖家带口的单职工世代大叔而言，可以说富裕得多。

有一次，我跟厚生劳动省的"30 代"男性官员聊天，发现了一件事："30 代"人群是后均等法世代，也就是第一个女人能够自由选择结婚与否的世代。然而那些选择了结婚自由的女性在某个时间点将自己与持续工作的同世代女性相比，都会惊讶地发现：自己只不过是丈夫的影子。去掉了丈夫，她们什么都不是。她们只是某先生的夫人、谁谁的妈妈。然而，曾经跟她是同学的人正在用自己的姓名打拼。越是高学历的人，就越容易察觉到这种落差。

聊到这里，那位厚生劳动省的年轻官员说："今天听了上野老师的话，我才明白了老婆为什么这么凶。"

信田 原来上野女士不说，他一直都没明白过来吗？

上野 他可能一直觉得女人都这样，婚姻都这样。这种情况就叫相对剥夺，主妇的身份远比以前更有压力了。如果周围的人全是家庭主妇，没有比较的对象可能还好一点。譬如更早以前，奈良女大和御茶水女大出身的女性始终保持工作，没有结婚，最后当上了校长，人们

1　Office Lady 的缩写，指办公室女性文职人员。（编者注）

会嘲笑她是"毕业脸"[1],将其视为"没人要的可怜女人",现在则不能这么说了。

信田 那么也就是说,其实在很多方面都发生了相对剥夺。

上野 没错。

信田 原来如此,那可太惨了。有选择也是地狱啊。

对单女[2]有利的"被动性解放"

上野 虽然我也是单女,但可以推测,家庭主妇感到相对剥夺的重要原因,是单女所处的情况对她们越来越有利了。首先,晋升空间大的综合岗位机会增多,女人靠自己站稳脚跟的可能性变大了。还有一点,就是在此期间发生的积少成多的"性革命",也可以称之为"被动性解放"。具体来说,就是婚姻与性的捆绑关系已经瓦解。其实在不久以前,即使只是表面上的漂亮话,女性在婚姻之外也是没有性的,而在婚姻中是有性的,只能两者择其一。

---

1 毕业脸:指日本明治、大正时期就读女校,没有中途退学,一直读到了毕业的长相一般的女性。因当时女校实施的课堂参观兼具了挑选妻子的性质,面容姣好的学生通常没有读到毕业就突然结婚离开。当时还有一种观念,认为学历越高的女人长得越丑。(译者注)

2 指都市单身女性。(编者注)

有一种性骚扰模式是这样的：故意让大龄未婚女性加入男性下三路的对话，男性一边说黄色笑话一边观察女性的反应。如果女性没有察觉就要被嘲笑无知，如果涨红了脸就要被说"你这个黄花闺女怎么会知道这些"，同样要遭到嘲笑，从而陷入进退两难的境地。可是现在，单女可以对黄腔哈哈大笑，而完全不受到嘲笑。

就像这样，婚姻与性的捆绑关系迅速瓦解。这让单女的生活轻松了许多。曾经，大龄未婚女性被人们视作"男人看不上的可怜女人"。相反的，已婚女性则占据压倒性且绝对有利的地位。再看如今，单身已经不再意味着得不到性。

信田 那是从什么时候开始的呢？

上野 从20世纪70年代开始。那是性革命在全世界遍地开花的时代。

信田 可以说是浪漫爱情观的瓦解啊。

上野 正是如此，也可以说是爱、性、婚姻三位一体的瓦解。

信田 一旦性与婚姻的捆绑关系瓦解了，爱也会瓦解呢。

上野 是的，三者得以分离开来，这对单女更加有利。

父母辈，"60代"的性革命

信田 "30代"女性是分歧点，而她们的母亲一代——"60代"以上女性的性问题，也就是俗话所说的，花边新闻似乎已经变多了。

我有一个熟人在丈夫去世后一直以泪洗面，但是半年后，她的儿媳妇劝她："妈，你跟我一起去学交谊舞吧。"于是，她就去了地方自治体的公民馆[1]，发现那里很是热闹，其中还有个边跳边喝酒的男人，见到新来的就上去说："我来教你吧。"可见那里已经成了一种社交场合。

上野　看大数据时，我发现了一个很有意思的点，就是十分明显的代际差距。若问性规范是不是刚懂事时被灌输了就会一辈子不变，答案其实是否定的。时代与世代在共同前进，不同世代的人可以生活在同一时代。也就是说，"60代"人群在"60代"的年龄同样经历了那个性规范迅速放宽的时代，正如"30代"的人在"30代"的经历。以前被灌输的性规范，会在不同的时代发生不同的变化。

"60代"人群在"60代"也经历了性革命，因此可以说，她们亲身体验了性与婚姻的捆绑关系的瓦解。

京都有一个为老年人介绍婚姻的组织，叫"无限会"，我去那里采访过。

信田　哦，就是那个机会无限的组织吧。

上野　必须四十岁以上才具有入会资格。当时我刚满四十岁没多久，算是会员里最年轻的。那些男性会员丝毫不会掩饰自己品头论足的目

---

[1]　公民馆是日本开展相关教育与文化事业的公共文化设施。（编者注）

光。据说有再婚或老婚[1]意愿的人，只要看对眼了，当天散会就会邀请对方到酒店去。

信田　男的邀请吗？

上野　我不清楚是谁提出邀请，只知道手续很简单，完全不麻烦。一见面就说："你也不是啥都不懂的人。"当即决定，当即执行。所以我听说，会员之间基本不会花费时间和精力，很少发生见面第三次才请吃饭、下一次才牵手的事情。

被否定的"性豪"[2]

信田　男人也会有相对剥夺感吗？

上野　我认为有。

男性的相对剥夺感也在发生变化，最常见的表现就是对嫖娼男性的看法。曾经，男性嫖娼是性豪的指标。正因如此，他们会大肆炫耀自己在外面买春。可是在性市场自由化之后，女人可以自由给予性同意。如此一来，必须出钱才能买到性的人就被贴上了"性自由市场失败者"的标签。最后，性弱者与嫖娼就被捆绑起来了。

1　日本对"老年人婚姻"的简化说法。（译者注）
2　指性方面出众的男性。（译者注）

以前，决定男性地位的因素极其单纯，性能力与经济实力直接关联，因此只要有钱，就能随便买春。可是现在，男人的实力已经体现在了如何不花钱搞到女人这一点上。

其原因在于女性的转变。以前若是有人不花钱搞到了女人，等待他的就是一句："你偷尝了禁果，要为我的一辈子负责。"现在已经没有女人会说那种话了。

信田 "20代"的男生已经默认女生也要出钱了。所以，现在有的配偶并不讲究性别分工，男的也会说："家务事都交给我，你要赚好多钱回来哟！"

上野 倒不是说没有，但那只是非常少数的例子。男人味可不会那么容易让位。

信田 倒是有很多那样的人来找我呢。

上野 那是你这边的情况，来找你的人都是有心理疾病的人吧？

信田 比如女方是 SM[1] 小姐，男方做的是发日薪的零工。他绝对不出房租，也出不起，所以她承包了房租，但绝对不下厨。

上野 有意思的是，以前有一种人叫皮条客，靠拉老婆出去卖淫为生，自己则用女人赚的钱花天酒地，他们绝不会做家务。现在光靠拉皮条还不行，必须老老实实做家务来支持老婆工作。这是一个很重大的变化。

---

1 指一种以施虐或受虐为乐的特殊性癖。（译者注）

身为女性的存在证明

信田　话说回来，我工作的咨询中心没什么"30代"的人来。

上野　"30代"已婚人士不来吗？

信田　已婚的会来，未婚的不怎么来。

上野　可能因为有相对剥夺感的都是已婚女性，因为婚姻已经不是"上升"了。

信田　"30代"已婚者虽然结了婚，但很多人会来找我咨询："我的婚姻这样真的好吗？""那男人这么过分真的好吗？"换言之，就是"我该不该分手？"

上野　她们为什么不能自己做决定呢？

信田　正因为做不了决定，所以才来找我。上野女士这样说，是以能做决定为前提吧。

上野　可她们明明知道丈夫不好啊。

信田　如果这就能做决定，人生就很容易了。

上野　这里面隐藏着一个单女的软肋。未婚者、非婚者或者离婚者，总之婚姻外的女性与婚姻内的女性有一点绝对的差异，那就是已婚者将"至少有一个男人要我"当作了自己的功勋。这虽然是相对剥夺感的反面，可它确实是身为女性的存在证明。

已婚女性乐于公然向社会展示这个证明其存在的"勋章"。正因如此，无论是多么无趣的婚姻，已婚女性都不愿意舍弃。反过来，即使有男伴，单女和婚外情的女方都无法将其当作可展示的勋章。有的单女同样患有"有男人要"才是存在证明的社会性别病，因此她们无法承认"我没有被任何一个男人选中"的事实。

信田　那不只是单纯的孤单吗？

上野　不一样，不一样。

信田　家暴受害者离不开丈夫，也是出于这个原因吗？

上野　信田女士自己在《家庭收容站》（讲谈社，2003年）中非常直白地道出了这个想法呢。

信田　她们通过与男性结合，得到了自己的存在证明，所以，离开男人恢复单身，就意味着丧失存在证明，从而失去立足之地。

上野　从这个意义上说，婚姻制度其实是女性参与社会的一条道路。因为那是正规的道路，一旦偏离了，相当于自己不再是社会性的存在。因为单有职业，并不能成为自己是女人的存在证明。

信田　这在心理学上表述为"依存"或"自我的未确立"，其实并不是这么回事。

上野　这就是社会性别病。正因如此，女人才很难说出"就算不被男人选中，我也是我"。

母亲令女儿割裂

信田 我总是觉得"60代"的女性很不可思议。因为她们自己并不工作，却要时刻提点女儿"工作，工作"。

上野 因为她们对自己缺乏经济实力感到……

信田 感到后悔？

上野 应该是耿耿于怀。樋口惠子就属于那个世代。她是战后男女共学的第一代人，应该也是第一批产生困惑、认为"我们上学时明明跟男人是平等的"的人。她们还在想："我的成绩并不比丈夫差呀。"

信田 所以她们认为，既然女儿成绩还不错，就应该出去工作，希望女儿能在事业上有所建树。

上野 嗯。所以20世纪90年代以后，女性高学历化的进程堪称迅猛。你看，当时的升学率突然蹿得很高。十八岁以上的升学率，如果加上短期大学的数据，女生就超过男生了。还有一点，名牌大学的女生复读率特别高，其背后就隐藏着母亲对女儿的教育热情。

信田 让女儿成为自己人生的接力者？那些母亲为女儿设想了什么样的未来呢？

上野 应该没有设想。她们只想让女儿拥有自己未能拥有的东西。但与此同时,她们也不容许自己的人生遭到否定。所以她们将这种矛盾心理直接推给了女儿,说的话往往自相矛盾,使女儿陷入割裂状态:"妈妈,你到底想要我结婚,还是发展事业?还是想要我生小孩,跟妈妈一样成为家庭主妇?"其实她们的母亲两者都希望。

女性学在美国登场时,研究者进行过很多成功女性身份认同形成的调查研究。后来发现,成功女性有一个相通之处——她们都是实现了父亲期待的大女儿或独生女。但她们也面对着两难的境地:"父亲教会我如何行走于社会,却没有教会我如何与人温存。"所以,她们跟男人发生性关系时,只能模仿母亲。这种时候,几乎所有人都会经历人格割裂的状态。

现在的母亲对女儿发出的信息,也是割裂状态(双重束缚)的信息。一边是"要有女人味",一边是"只当女人还不够"。我想,那些母亲还是不能容许女人的身份遭到否定。

信田 要有女人味……是什么意思呢?

上野 用刚才的话来解释,就是被男人选中的人生。然而,被男人选择时,做选择的男人决定了女人的价值,所以母亲不能容忍女儿被没用的男人选中。譬如年龄比女儿小、靠打零工为生的这类男人就不行。

会算计的现实主义者

信田 现在被选择的女人应该很少吧？都是女生追男生。

上野 选择与被选择和女生的主动与被动没有关系。如果"被选择"这个说法不好，那也可以说至少能得到一个男人，或者从属于一个男人，这样的社会性才是女性的典范。我所认识的女学生，特别是短期大学的女学生都说："在一起玩得开心的男生都不敢介绍给父母，如果要结婚，必须挑一个父母满意的男人。"这些孩子都是很现实的务实主义者，很明白自己能从父母身上得到什么好处、为此应该怎么做，也都不希望跟父母发生矛盾与不和。

我跟她们相处多了，就经常会感叹不已：选择父母满意的结婚对象，同时又不放弃自己喜欢的男人。选择婚姻对象的行为并不意味着放弃与丈夫以外的一切异性的关系。即使结了婚，男朋友还是男朋友，她们甚至会向相处已久的男朋友抱怨对丈夫性生活方面的不满。

信田 其实以前的男人就这么做。那些会算计的女生，是现在的"20代"吗？

上野 也有现在的"30代"。在讨好父母的喜好这方面，该世代有个共同点。她们的亲子关系非常紧密，而且父母掌握了很大的资源。

纵观战后的家族史，在父母亲不富裕的时代，他们给孩子最大的礼物，就是不拖后腿。礼物也分"正面的礼物"和"负面的礼物"，会拖孩子后腿的，就是负面的礼物。换言之，不给孩子"负面的礼物"，是困难时期为人父母的一大馈赠。反观现在，父母亲掌握着极大的资源，孩子们也很现实地明白依靠父母生存最有利，他们丝毫不打算放开这个资源。

信田　所以才要讨好父母。

上野　"结婚要找父母满意的对象"这种心情，无论是女儿还是儿子都很强烈。从这个意义上说，现在女生主动挑选的对象，也只是玩耍的对象罢了。因为她们会很明确地说："现在的男朋友不敢介绍给父母。"一旦到了谈婚论嫁的时候，她们希望父母可以支持盖新房或买现房的首付，甚至帮自己"全款买房"。因此，她们很明白，如果遭到父母的反对，就可能得不到经济上的支持。

信田　现在的"30代"女性还是受到了父母很大的影响啊。

上野　是的。她们很会算计，其实我挺受不了她们这样的算计。

综合岗的女儿是"长了女人脸的儿子"

信田 还有一点很不可思议。许多家长自己明明被常识洗脑结了婚，却对单身且有工作的"30代"女儿完全不提婚姻的事情。有时我甚至觉得，她们打算只要自己还能做得动，就一直帮女儿洗内裤、做早饭，把她当成外出工作的顶梁柱。

上野 我认为是的。当社会上出现综合岗位[1]的女性时，我把她们叫作"长了女人脸的儿子"。女性进入综合岗位的条件首先是名牌大学出身，而名牌大学女生的背后肯定存在着母亲的影响和支持。她们虽不算是信田女士所说的"同卵母女"，但也像二人三足那样一路扶持着走来，母亲充当女儿的"家庭主妇"，照顾女儿的"吃饭、洗澡、睡觉"，让女儿在外面放心从事综合岗位工作。母亲将其视作自己的人生价值，不会轻易放开女儿。

信田 我在《日经 WOMAN》连载人生答疑栏目时，投稿的人几乎都是这样。很多人的烦恼是——"想在三十五岁前结婚，但是没有对象。

---

1 日本的一种工作岗位，要求综合能力高，在定位上相当于中国的管培岗。（译者注）

想辞职，但是四体不勤，日常家务活全都被妈妈包揽，连偶尔休息时都是跟妈妈去关岛或马尔代夫度假一星期。这就是我的生活模式。可是这样下去真的好吗？"

上野　反正母亲不需要做长远的考虑，只需满足自己就好。等自己老了，还有女儿照顾她。她既不用盼望女儿结婚，也不用盼望抱外孙。女儿则对母亲怀有责任感，认为母亲正在渐渐老去，她必须陪伴在左右。可是，女儿一直保持单身，等到她自己上了年纪，又该如何是好呢？

信田　母亲也许并没有考虑到那么远。

上野　所以这就是家长的傲慢。

信田　我跟一个女客户聊天时问她："你父母倒是不用担心什么，可是你自己呢？别怪我冒犯，你年纪大了又该怎么办呢？"对方也不知道怎么办，只会回答："嗯，有道理。"也就是说，她并没有深入思考过这个问题。不仅如此，她还说："我有责任赡养父母，等到房子翻新，我还会承担一半贷款。"

上野　因为她有经济实力。

信田　我又说："你这就成了两代同堂，更加分不开了。"对方回答："不，房子里有我的房间，两代人并没有做隔断。"我听完更吃惊了。这是完全包揽了呀。

上野　两代人共同贷款盖房，家长认为这样就拴住了女儿，感到心满意足。反过来看女儿，此前也一直吃家长的、用家长的，其实都差不多。

没有人生规划的女儿，只考虑自己养老的母亲

信田 我觉得也不能这么说。父母被啃老，因为孩子是他们自己生的，可是女儿呢？我觉得还是不太好。

上野 女儿能这样浑浑噩噩地生活，是因为她们觉得，将来随时可能发生一点事情，导致她们的人生规划完全崩盘。她们一直摆脱不了人生无常的观念。即使是职业女性也一样。只要结了婚，对象有各种可能改变自己的人生。所以她们从来不想认真做人生规划。无论家长还是女儿，都怀有那样的幻想。

信田 所以认为人生无常的女儿和只考虑自己养老的家长，就这样得以共生。

上野 是的。他们的利害完全一致，因此不值得同情。

信田 但这还是很奇怪。也许是我多管闲事吧，这些人跟男人的关系会变成什么样呢？

上野 假如本人在这方面感到欠缺，也许会出现天天晚上在外面找男

人的东电 OL[1] 式病态行为。那位受害者也是跟母亲共同生活的吧。不过，若本人在这方面没有感到欠缺，就证明她们所理解的身为女性的存在证明已经不再是对男人的依附。其实这样挺好的，不是吗？（笑）

信田　她们如何维持女性的身份认同呢？

上野　她们已经不需要那种东西了。

信田　我对上野女士说这种话可能不太合适。在已经延续了很长时间的规范传承中，突然出现了想法与众不同的世代，这可以认为是划时代意义的改变吗？你不觉得这些浑浑噩噩的女性突然出现，有些奇怪吗？

上野　我也觉得奇怪。其结果就导致了现在的非婚化、少子化，也就是女人不成家、不生孩子的现象。对社会整体而言，我认为这是一种病态的现象。不过，这证明一个认为"我就是我，不需要男人来证明"的新世代出现了……

信田　真的是这样吗？

上野　这个很难说。

信田　我觉得这很重要。如果没有清醒自觉的契机，我就不太相信。

上野　反过来说，此前那些结婚、生育的女性也没有清醒自觉的契

---

[1] 东电 OL：1997 年，担任东京电力公司调查室企划部副部长的女性（当时 39 岁）在东京涩谷某情侣酒店街区的出租房中遇害。警方调查发现，该女性毕业于顶尖大学，在大企业发展事业，同时在夜间从事站街卖淫工作，并已经持续数年。媒体称该案为"东电 OL 被害案"，并进行了大规模报道。

机。现在的单女没有清醒自觉的契机，只在不断增加的选项中一味地追求眼前的利益，最后导致现在的结果，不也挺好吗？不自觉地成为已婚人士，不自觉地成了单身，前者生育后代，后者不生育，而后者人数正在增多，仅此而已。宏观社会的变动，就是由这种时代的无意识推动的。

不断扩大的女女差距

信田　无须依附男性就能形成自我的身份认同，必须在拥有了具备经济实力的男性家长和时间很多、能够承担所有家务的女性家长，同时本人的职业又能带来一定收入的前提下才能发生吧。也就是说，要产生不被纳入男性身份认同的女性，需要有双亲的支持，对吗？

上野　当然是的。这就是因果循环。但我认为，那是仅限于过渡期的现象。现在受到经济不景气的强烈影响，能形成这种身份认同的人，就只局限于能够保住正式员工身份的人。经济开始下滑后，普通岗位的 OL 路线就此瓦解，并转变成了派遣职工和临时工。身为派遣职工或临时工的女性是一群失去了父母兜底就无法生存的人。这个人群今后将会大量涌现，届时情况又会如何？这个人群的主要特征就是啃老和做派遣工、合同工、零工。无论男女，他们今后都将成为日本贫困的最大要因。

他们的工作都是短期雇用，没有接受职业训练和研修的机会，只能止步于非熟练劳动力，被固定在最底层。这些人之所以没有产生不满，是因为坐享了父母的经济基础。而且，他们还算年轻，对自己有搪塞的借口。若是已婚女性，则有丈夫的经济基础和妻权作为借口。只不过，那些既没有丈夫的经济基础，也没有父母的经济基础，更没有任何借口的人，又会如何？

信田 肯定会感到很不公平吧。

上野 应该是的。另一方面，工作能力很高的光鲜女强人也登场了。The R[1] 的社长奥谷礼子称之为"女性差距"。

正在变成不良债权的"非正式雇用·非婚'30代'女性"

上野 非正式雇用·非婚的"30代"女性，她们看似正在享受单身的快乐，但是让我们放眼十年之后吧——哪怕过了十年，干派遣的女性依旧在干派遣。而且这些人结婚的可能性很低。再看已婚女性，经过

1　由奥谷礼子创办的人才派遣公司。（编者注）

十年，丈夫的地位和收入将会相应提高。同时，她们已经走出了育儿期，能够寻找别的活跃机会。从相对剥夺感的视角来看，拥有丈夫和子女，得到了"提升"的女性优势依旧不变。

因此，我对非正式雇用的非婚世代十年后的情况感到异常不安。尽管我没有必要为之感到不安。

信田 那些人如何看待自己的十年后呢？

上野 达成了"事业提升、持续就业、正式雇用"的女性，目前已经成为都市面向单身女性的公寓的消费层。买房需要有贷款资格，所以正式雇用乃是大前提。非正式雇用的人，连贷款都申请不到。支撑她们的经济基础就是父母。十年后，她们成为"40代"，父母可能已经成为需要看护的老年人。

不管怎么说，这些人在社会上都会逐渐变成不良债权。其中甚至可能出现无保险者和无年金者。我最近在"威胁"经济界人士，对他们说："怀抱这个人群的日本，十年后会很危险哦！"

信田 我觉得非正式雇用的女性最后会选择闪婚。

上野 事情并没有这么简单。婚姻是一场尊严的游戏，同辈中结婚年龄越晚的人，对丈夫的要求就越高。对她们来说，最大的耻辱莫过于同辈人的一句："你就这么将就了？"而且，男人和女人也一样。若问现在人们如何挑选结婚对象，能否向同辈炫耀占了很大一部分理由。我认为，同辈的认可正在具有越来越重要的意义。

信田 有一点或许与之相关。急忙步入婚姻的人们，其育儿情况也很值得研究。现在家里有两三岁儿童的父母一辈都在观望十年后的情况。当自己重新踏上社会就职时，孩子必须能在生活上自立，否则会拖自己的后腿。所以他们要让孩子从小就养成良好的生活习惯，希望孩子早早自立。换言之，他们热衷于培养不费事的孩子，心里盘算着"等我四十岁了定要东山再起"。

上野 从数据上看，完成育儿后的所谓回归社会的时间正在逐年缩短。大约二十年前，人们认为孩子"能放手"的时间还是升上初中。后来逐渐变成小学高年级、小学低年级，再后来是上了小学，现在则是上了托儿所或幼儿园。也就是说，基本缩短到了分娩的三年以后。

每个人都想尽快回归社会。这里面也有经济不景气的影响。她们都很焦虑，认为"三十五岁以前是关键，过了这个年龄就找不到好工作了"。

可是，家长迫使孩子生活自理的方法，跟托儿所和幼儿园的方法一模一样。这种感觉就像原本外包出去的育儿行为，在教育的场合培养的技能，其价值和方法都原样倒流到了家庭中。

信田 没错没错，幼儿园没教的，就带回家里教。

上野 家庭以学校或幼儿园的模式运转，那父母存在的意义就消失了。

信田 哈！所有人都成了教育者，那家人还有什么意义？

上野 没有了。

信田　是没有了呢。哎，你这个看法真的很犀利。

上野　我在《永别了，学校化社会》（太郎次郎社，2002年）里就提到了这一点。学校的价值渗透到家庭中，父母以教育者的目光对孩子进行相对化评估。若真的变成这样，孩子在家庭中就会失去立足之地。因为这个时候，家庭就变成了跟学校一样的"职场"。

第二章
"不可替代性"的解体与纯爱愿望

名为"奢侈品"的符号

信田 在大阪杀害小学生的宅间守（2001年被警方逮捕，时年三十七岁）、在新潟非法监禁少女的佐藤宣行（2000年被警方逮捕，时年三十七岁），还有杀害幼儿园儿童的家住音羽的母亲（山田美津子，1999年被警方逮捕，时年三十五岁），这些都是同世代的人呢。

上野 他们都是号称"新人类"的世代。这一代的女性可以称之为"Hanako世代"[1]或"后均等法世代"。另外，这一代人也构成了首都圈的单身层。Hanako打出的宣传语是"只有工作和婚姻还不够"，因此受其影响的女性构成了经济实力和购买力都很高的强有力消费者世代。她们那一代人，还引领了泡沫经济时期的消费。

话说回来，在这经济不景气的时期，据说路易威登开店（2002年9月1日）时，门口排了五百米的长龙呢。当时我很震惊，感叹那个时代竟然还在持续。

信田 据说有人排了三个通宵，因为有限量商品发售。

上野 我无法理解这种情况。

---

[1] 指阅读杂志《Hanako》（目标读者为二十岁到三十岁女性）的人群。（译者注）

信田 得到某些物品，实现自身的差异化，将自己提升到某个更高的层次，这我可以理解。对那些物品的拥有和获取都是有意义的。

上野 这是非常浅显易懂的奢侈品信仰。它甚至让写了《水晶生活》[1]的田中康夫显得过时。那时有一种流行风尚，就是排队抢购譬如"Ships"这种相对小众的奢侈品牌的限定商品。反过来看古驰和路易威登，这不是太大路货了吗？它过于浅显，对于总是爱往深处解读的上野来说，反倒无法理解。（笑）

信田 那些更高层的、不知道叫什么的奢侈品牌依旧地位不变呀。

上野 可那些品牌就算是限定商品，也吸引不了人们来排队了吧？

信田 不过在原宿那边，尤其是里原宿，还是有一些奢侈品店长期有人排队呢。

上野 那里排的队跟路易威登门口排的队一样吗？

信田 应该不一样。

上野 所以说嘛。

信田 这应该算是奢侈品牌的大众化趋势吧。它变得更好理解，只要拥有它，就不需要动脑子。

上野 每次在电视上看到奢侈品牌店铺门口排长龙的情景，我都尴尬得不忍直视。总会想："这些女的怎么回事？""日本不是不景气

---

1 《水晶生活》：原书名为『なんとなく、クリスタル』，无中文译本。1980年度文艺奖获奖作品，销量达百万册的畅销书籍。书中提到众多精品店和奢侈品牌名称，还促生了"水晶族"（熟悉奢侈品的年轻人）这一流行词汇。

吗？"欧洲品牌最省心的市场，不就是日本吗？我反正一样都没有。

信田 其实我今天拎的包就是路易威登。

上野 排队买的？

信田 不是。我只是喜欢路易威登。

上野 为什么喜欢？

信田 嗯……因为简单，因为结实。

上野 结实的包又不止它那一家。

信田 买它可以节省挑选的时间。

上野 说到结实，京都有个卖包的"一泽帆布"，那里的包出了名地结实。

信田 那个有点……

上野 对吧，你要的不是那种结实。

信田 没错没错。然后呢，买它还不怕出错。

上野 确实有人因为质量好、结实而排队买它，但那些都只是借口。说白了，就是喜欢别人一眼能看出来这是价格不菲的舶来品牌。我自己一件路易威登和古驰都没有，并引以为傲。

信田 我是觉得不需要这么讲究。

上野 换言之，我就是没有成为欧洲品牌国际战略的猎物。在日本之外，他们恐怕找不到那么人傻钱多的市场了吧。

信田 也许是的，但我喜欢路易威登自有理由。我第一次买路易威登是在巴黎，不怕丢脸地说，即便知道那是国耻，也有很多日本人去买。后来我一直很爱惜那个包,没想到有一天竟被偷了。我一直很可惜,觉得"啊,我唯一的路易威登被偷了",可是半年后,我接到了一个电话。原来有人在三鹰的河里捡到了我的路易威登包,交到三鹰警署去了。当时里面的衬布已经变得很脏,但我舍不得扔,就把它洗干净了。结果呢,它一点都没变形走样,还是能用。

上野 啊,你把一泽帆布店的包拿去洗了,一定也有同样的效果。而且还不会被偷。(笑)

信田 可是巴黎没有一泽帆布店啊。

上野 那巴黎就成了包的附加价值了嘛。

信田 那当然啊,还用说吗?

上野 所以说,这就是欧洲品牌的世界战略。非常简单直白。

信田 这也许是欧洲品牌的世界战略,我可能被它套住了,但我真的被包的耐用感动了。

上野 那都是你后来强加的理由。没想到信田女士这样的人也会说出那种话。

我不能理解的是,现在都说日本经济很不景气,年轻女性却拥有如此高的购买力,并将其消耗在几乎无意义的事情上。排队的人一般都几岁啊?

信田 还是"20代"比较多。我有时会去高岛屋的路易威登店看看有没有上新,慢慢就发现那里的阿姨客户可能只占一成,剩下的都是二十岁出头的年轻人。

上野 她们像啃老族吗？还是"20代"的精英？

信田 都不是。

上野 派遣工或合同工？

信田 她们大多染了栗子色的头发，跟男朋友在一起，央求男朋友买给她们。出钱的都是男生。还有嘛……就是韩国和中国台湾的游客。

上野 啊，那很好懂，就是文化殖民主义嘛。所以我们总是会忍不住说那是国耻。

信田 店里几乎看不到我这个年龄段的客人。所以我会想，年轻人怎么这么有钱啊？会不会也有很多干皮肉生意的女孩子呢？

上野 因为她们啃老，可支配收入相对更高吧。

信田 就算是啃老，被啃老的父母还会给孩子买路易威登包吗？

上野 她们可以用自己的钱啊。就算收入低，可支配收入却很高。

信田 因为不用交房租？

上野 嗯。山田昌弘他们做的以单身未婚人士为对象的调查里，有个问题是"每月给家里多少生活费"，结果显示平均数值是两万日元到三万日元。而且大多数家长会把这笔钱存进孩子名义的户头，不会将其作为家庭开销。这些事实早就已经清楚了。

"30代"单女的自恋式消费行为

上野 "30代"人群中可支配收入高的一类人,就是啃老单身一族。这些单身人士的消费行为呈现出了自恋倾向。她们的消费目标不一定是物品,也可能是全身美容、瘦身、美齿等对自己身体的投资。甚至可以称之为"Shopping Addiction",也就是消费成瘾。

信田 美容整形也会上瘾呢。

上野 而且动辄几十万上百万日元。她们投资自己不是为了取悦别人,而是为了自我满足。这就是单女消费行为的一个特征。

信田 还有许多人整形上瘾。据说这种事做一次就会一发不可收拾。你看中村兔,现在就不断整形。那个人一开始是购物成瘾,后来是牛郎成瘾,接着变成了整形成瘾。另外,听说最近男生也很爱做美容整形呢。

上野 还有一种投资是美齿,一颗牙要好几十万日元。

信田 美容整形的医生都说"最好别做",有的人还会反驳"为什么不让我做",甚至直接拿着照片来说"给我整成这样"。还有就是进食障碍,我觉得对身体的变化上瘾其实跟购物成瘾不太一样,包括割腕也是。

上野 对身体变化上瘾究竟是什么感觉呢？"来吧，让我们拥抱下一个身体"。这样吗？

信田 我认为之所以会成瘾，是因为它伴随着疼痛。眼睛变漂亮，乳房变大，这些改变都伴随着疼痛，所以构成了成瘾的一大诱因。

上野 还有美容成瘾吧。美容并不伴随疼痛。

信田 嗯……怎么说呢，美容一般都是提前支付一大笔钱签订合同，然后客人就不怎么流动了。但是换成整形，那真的会一发不可收拾。而我认为，其中一个成因，就是它伴随着疼痛或者说痛苦。性爱也一样，若不具备伴随着痛苦的满足感或恍惚感，就不会让人成瘾。

上野 付出了一大笔钱的疼痛？

信田 那是经济上的疼痛。当然这也存在于美容项目中。只是整形除了支付金钱，还有身体的疼痛。

上野 是不是很痛啊？

信田 应该很痛吧。尤其在麻醉药效过去之后。我认为，人在这时候会产生"我做出了这么大的牺牲"的心情。美容虽然也要支付高额的费用，但很少听说美容成瘾。证据就是，现在的美容美体沙龙一直在倒闭。那应该是泡沫经济破裂后的十年间出现的暂时现象，现在已经转变成了足底按摩之类的大众化项目。

上野 那是贴近大众的区域反射疗法呢。不过，你是从刺激的角度去观察，所以会突出"疼痛"这一关键词。如果从市场的角度来看，仅凭"疼痛"应该无法解释面向女性的服务业为何能发展壮大到如此地步。

信田　因为女人去美容院就像男人去色情场所吧。

上野　我把这些统称为"保养产业"。它们应该算是"治愈系"的安抚型产业吧。

不保养就活不下去？

信田　那是女性特有的吗？

上野　是的。因为面向男性的保养产业早已存在了。

信田　色情业算保养产业吗？

上野　色情业虽然也沾了一点边，但将女人美容和男人买笑并列起来，似乎不太妥。因为色情业有性的要素在里面。我所说的"保养产业"，并不一定需要性的要素。它是完全自恋式的产业。

不过，自恋存在一个"瓶颈"，也可以说是自恋的悖论。那个悖论就是——若没有他人的认可，自恋就不成立。正因如此，"无人关心的我"就会消费金钱购买关心，于是有了保养产业。

信田　换作男性，就对应银座的俱乐部之类的吧。

上野　那些地方包含了性要素，应该算古典类型。

信田　那么，男性坐在酒吧里跟妈妈桑聊天又算什么呢？那也许算是他人的认可。所谓治愈热潮，不就是这种东西吗？

上野 没错。假设客人在美发店里，烦恼刘海应该剪到眉上五毫米还是三毫米。如果我是美发师，可能会想说："这位客人，你烦不烦啊，三毫米跟五毫米有什么差别？这世界上也就只有你会烦恼这个了。"然而，美发师还是笑着说："不，您还是更适合这种。"然后展开工作。说白了，如果不是赚钱的保养产业，谁要伺候那种人啊。

信田 这么说来，心理咨询也是保养产业呢。

上野 啊，有道理。由于自我的证明已经崩溃，人们才要支付金钱，请不相关的第三者为自我提供确证。

信田 现在这个时代，如果没有这种功能产业，人恐怕就无法维持自我了。

上野 这会不会跟奢侈品有所关系呢？

信田 啊，有可能！与其说是文化殖民主义，还不如说信田之所以为信田，需要路易威登的确证。

上野 没错没错。需要有 LV 和 Vivienne Tam（定居纽约的华裔设计师谭燕玉创立的品牌）。

信田 有点类似呢。

上野 不，Vivienne Tam 是小众品牌，我可以接受。（笑）

"好拿下的男人"是种羞辱

上野 信田女士那里会不会有来咨询"我做了整形""觉得这样人生会更明亮"的人呢?

信田 当然有啊。甚至有人不断整形,前后花了三百多万日元呢。那个人先去整了眼睛,然后整了鼻子。到这里其实还好,可她接下来又要去削颧骨。她拿了一张明星的照片对医生说:"我要这样的颧骨。"医生反对道:"你的脸不适合做这种颧骨。老实说吧,我不想让你再花钱了。"我觉得那是个好医生。可是,她却特别生气。

上野 对美容整形,我还有一点不能理解。如果那是完全自洽的自恋倒还好说,可是其中一种动机却是"希望男人喜欢",这样人生就会明亮起来。然而,仅仅是外貌发生了改变,这对被吸引的男人,难道不是一种羞辱吗?做援助交际的女孩子和做皮肉生意的女性群体中也有"这样就能轻易拿下的男人"这种说法,那是对男性的极大羞辱。

信田 我觉得在这一点上,整形有点夺回力量的意义吧。

上野 然而,这是一种极为简陋的力量博弈。被肉眼可见的简单诱饵吸引,反过来说,就是自己为客体,被还原为符号。所谓男女关系,就成了如此浅显的东西。我常对东京大学的男生说:"她们不是被你吸引，而是被学历吸引，被你的头衔吸引。这样真的好吗？"在此之前，男性可能觉得这样就好，可是到了最近，也有一部分男人为此感到难为情。

前不久我读了渡边淳一的散文，渡边老师说，就算女人被金钱吸引过来，金钱也是男人的实力，因此无所谓。所以说大叔恒久远啊。（笑）真是令人难以理解的生物。

再看女人这边，仅仅因为整形，人生就会轻易变得明亮起来吗？

信田 不知能不能变，而是希望它变。这是一种愿望。

上野 那是对幻想的期翼。

信田 没错没错。还有一点，就是同性之间的异化。那说到底是关系性的东西，并不是对镜子照，告诉自己"你这样很棒"。通过整形，别人的态度可能发生很大的改变，而整形者自身或许能站到施加羞辱的立场上。这就成了一种力量获取。换言之，就是让自己上升到了施加控制的位置。

上野 一边羞辱他人。

信田 没错。

上野 面对他人如此轻易的转变，她们真的会感到由衷的高兴吗？我的疑问就在这里。

信田 就是会感到高兴，甚至欣喜若狂。她们的表情真的会发生变化。当然，那种变化不会长久。

东大女与圣心女大女

上野 以前,东大的学生做过"现代年轻人的身体观"调查,对象是东大的男女学生。同时,他们还选择了圣心女子大学的学生作为对照组。圣心的女生在讲述自己的身体观时,必定会提到美妆与时装。但是东大女生不会提到这些。就算有,也是受到抑制的。另外,东大女生还会说:"我不靠外表决胜负。"反观圣心女生,她们的话题干脆以美妆和时装为中心,并认为"男人就是容易被外表欺骗的生物"。她们已经被灌输了针对男性的羞辱,认为他们就是一群肤浅的人。

看了调查结果,东大女生都说太可怕了。所以她们会说:"我不靠外表决胜负。"如果问她们:"那你靠什么决胜负?"她们会回答学习能力或业绩。"学力和业绩,这些都是你持有的资源。圣心女大她们持有的资源,则是美貌与时尚。既然都是用自己手上的资源决胜负,那有什么不一样呢?"听了我的话,她们都沉默了。

信田 东大也有靠美貌这种资源决胜负的女生吧。记得叫菊川怜[1]?

上野 因为有了东大这个品牌的附加价值,只要稍有姿色就能红。

---

1 日本女演员,毕业于东京大学。主演过《危险关系》《传说中的教师》等。(编者注)

信田　那当然。不过她把这些运用得很巧妙。

上野　那有什么，我曾经也被说"作为学者倒还有几分……"（笑）

信田　那跟"作为东大生"一样吗？

上野　一样的。有本杂志选过"三大美女学者"。首先是田中优子，她完全没有问题，接着是猪口邦子，再后面是我。后来林真理子写道："她那样的也能叫美女学者，那我也算啊。"我不是不明白她的心情。（笑）

信田　写这句话的人是林真理子啊。

上野　没错没错，真是个痛快人。

被称作"无可替代的关系"的比翼鸟幻想

上野　不过，为何保养产业变得如此不可或缺呢？因为人们对自我的确证越来越不确定了？不对，过去也很难说有多确定呀。

信田　会不会与20世纪70年代以后的性规范瓦解有关呢？

上野　或许有关系。社会学者宫台真司就说，随着性的随意化，"关系的偶发性"增强了。正因如此，人们才会去追求与之相对的"无可替代的我"或"无可替代的关系"（关系的绝对性）吧。

信田　两者是平行的。换言之，只要有了无论怎么挣扎都逃不开的东西，就不必去追求"无可替代性"。

上野　正是如此。譬如纯爱幻想。

信田　还有"真正的我"。我真想把这种话踩在脚下。

上野　你的发言好偏激呀。

信田　听到"真正的我"这个词，我就感觉自己脑袋上要钻出恶鬼的角了。

上野　来做心理咨询的人，会说那样的话吗？

信田　会有那样的人。如果我说："我认为并不存在'真正的我'。"对方就说："啊？可是我觉得现在的自己只是假的自我。"其实这种人还真不少。所以在 AC[1] 的团体咨询中，只要听到"真正的我"，我就会说："请你纠正用词。""请不要用那个词。"

上野　在"真正的我"之前，不会发展到"无可替代的关系"吗？

　　在恋爱成瘾的关系中，会存在"对你来说无可替代的我"，但几乎没有人说"对我来说无可替代的你"。其实只有"我希望成为你无可替代的人"，或者干脆对象是谁都无所谓，只有"希望成为对某个人来说无可替代的我"这种自我认可的欲望。

信田　我从来没有过那种想法呢。但是我想过"对我来说无可替代的你"。

1　AC："Adult Children"的简写。现在指在有问题的家庭中成长起来的孩子。

上野　所以你那个不叫病。因为那不算是以自我为中心的思考方式。"对你来说无可替代的我"是自我中心的欲望。所以对方对自己而言是不是无可替代的存在,这已经不重要了。关键就在"我希望成为对你而言无可替代的存在"。

信田　那叫作僭越啊。

上野　正是如此。然而,被男人选中这种存在证明的方式,就带有那个要素,希望成为对方心中无可替代的存在。

　　信田女士那边会不会有人来倾诉"我无法确信自己是不是丈夫心中无可替代的存在"……

信田　没有人会因为这个来找我,但经常有人说"那个人没了我就不行"。

上野　啊,原来是以那种形式啊。

信田　这种说法很多。比如:"我真的放不了手,我觉得只要一放手,那个人就会变得越来越糟糕"。

上野　她们都觉得只有自己能完成支撑丈夫的使命……对吧?

信田　别人都不行,因为她们都是"无可替代的我"。

上野　那就是以自我为中心啊。

信田　嗯。不过她们本人并不这么想。

上野　因为她们对"无可替代的我"有着确凿的信念。

信田　没错没错。

上野　没有人会找你倾诉自己缺乏那种确信吗?比如希望得到那种确

信，但是怎么都做不到、"我"该怎么办之类的。

信田 如果她们能把问题整理得如此清晰，那就相当于解决了问题。只要能做到"你在因为……而烦恼呢"，这时问题就已经解决了一半。

"舍我其谁"的自我中心世界

上野 刚才也有所提及，宫台真司在《亚文化神话解体》（PARCO 出版，1993 年）中指出，20 世纪 80 年代以后，包含性因素的交流模式中，"关系的偶发性"已经占据了支配性的地位。所谓"关系的偶发性"，就是"无可替代性"的解体。那就意味着"可以不是你""可以不是我"。如此一来，自我存在的确证就无法全面依赖于单一的他者。这一事实导致了飘浮感和不确定性，但人们也许并没有将其识别为病理表现，所以才不来找信田女士。

针对这一现象的反作用力，应该是纯爱愿望。"世界上一定存在着这么一个人，将我视作他的真命天女。不可能没有。"

信田 这种心理还存在连动反应，就是在自己内心寻求"无可替代的自己"。美国从 20 世纪 80 年代起就出版了不少这类书籍，但那并不是什么好事。《爱得太多的女人》（Women Who Love Too Much，罗宾·诺伍德，读卖新闻社，1988 年）可算是成瘾系列的划时代作品，最后就回归到了"无可替代的""真正的"自己。其后出现的美国成瘾书籍都大同小异，全部否定了关系的偶发性。

上野　我认为在保养产业兴盛的背景下，也存在着关系的偶发性与交流模式变化的连动。

信田　正如宫台先生所说，有的人无法将关系的偶发性理解为"没有人承认无可替代的我"，她们也许无法忍受关系的偶发性，从而发起各种各样的行动。其行动的结果，应该就是许多怀抱心理问题的人。

上野　为了回避关系的偶发性而步入婚姻……

信田　或者为了回避关系的偶发性而陷入种种成瘾事物。很多人就因为这样，最后走进了我的咨询室。如果将这些问题做个梳理，一口气追问下去，其根基处暴露的关键词，也许就是"关系的偶发性"。只不过，几乎没有人直接将它视作问题来找我咨询。

上野　说"那个人没了我不行"的女人，难道都拥有"我是这个人无可替代的存在"的确证吗？太不可思议了。她们究竟有着什么样的心理结构？信田女士能够对此产生理解和共鸣吗？你会说"我懂你的心情"吗？

信田　我不能说谎，所以不会这样说。我只会重复："你认为那个人没了你就不行，是吧？"重复完了再点点头，只能这样了。

不过真实情况如何呢？那种人跟对象分手后，一般会很快找到同样的新对象。换言之，对象并非独一无二的存在。可她们说的却是："其实分了更好，但我不分都是为了他。因为他没了我不行。"

上野　有没有人反过来说"没了他我活不下去"呢？

信田　那倒没有。其实上野女士有个特征，就是常说"我"。我也经常把"我"挂在嘴边。但是跟她们在一起时，我几乎听不到"我"。"我"这个词在对话中消失了。她们会说老公如何如何、儿子如何如何、别人如何如何、婆婆如何如何。总之，她们过日子完全用不到"我"这个词。

上野　是啊，她们的确完全用不到"我"。"我"在她们那里虽然是个空洞的中心，但事实上，她们的世界全都是以自己为中心构筑起来的。

信田　可她们并不这样想。她们认为自我是为了他人而存在。其实把那个说法反过来，就是彻头彻尾的自我中心，她们却丝毫没有察觉。

"30代"单女走投无路？

上野　我们已经解析了步入婚姻的女性的病理，不如来看看没有步入婚姻的女性如何思考吧！

信田　对于这类人，我只有一句话："太可怜了。"这只是我的直观感想，请见谅。

上野　你觉得她们怎么"可怜"了？

信田 她们看不见未来的道路，未能切换到婚姻生活，自己的立足之处越来越狭小，所以我常常想，这些人究竟该怎么活下去呢？

上野 山田昌弘等人将啃老单身人群调查的对象年龄设定为二十五岁到三十五岁时，我也想过："为什么上限是三十五岁？"问题反倒集中在三十五岁以上的人群。

信田 真的，在那个年龄时我也想过：如果我生活在现在的日本，会怎样做选择、怎样活下去？你想啊，这根本是个走投无路的死局。

上野 我非常理解。"后均等法世代"中，真正走上综合岗位的女性屈指可数。那一时期日本企业全都引进了分路线的人事管理制度，几乎所有女性都成了普通岗位的 OL。普通岗位的工作，五年就干到头了。工作一成不变，在公司受人嫌弃，可是一旦辞职就没有退路，只能赖着不走。稍微软弱一些的人受不了旁人的冷眼，就会辞职去做派遣工。真的是走投无路。

三十岁出头的年龄，父母都还算健康，可是接近四十岁，就开始担心了。还有一点，适宜生育的年限在渐渐逼近。所以女性一旦到了四十岁，单身率就会骤然下降。

这个人群实际就处在走投无路的状态，工作没有前途，人生缺乏前景，经济又一蹶不振。结婚的可能性越来越小，父母的年龄越来越大。我猜，第二、第三个东电 OL 必定会登场。

信田 是不是很多人都有"白天的我"和"晚上的我"两副面孔，过着像东电 OL 那样的生活呢？

上野 玩电话约会的,做美容上瘾的,沉迷学语言的,花样很多吧。

信田 电话约会啊。不过现在人们渐渐明白电话约会这类渠道风险很大,一般人不会随便涉足了吧。

上野 不管怎么说,持续工作的单女并非都是上升组。普通岗位的OL哪怕再过十年依旧没有上升空间,而且工作的环境越来越恶劣。

信田 就是啊。她们还会被"相对剥夺"感渐渐逼上绝路。这该怎么办啊!时间能解决问题吗?只要过了四十岁,至少生孩子的选项可以去除了。

上野 比较有趣的例子是,有的女性三十五岁以后才开始规划人生。那种人会在三十五岁时说:"我的人生规划中少了结婚的选项。"这时已经没有人积极说媒了。唯有到了这一刻,她才会开始规划自己的将来和父母的看护。

考虑到有看护父母的责任时,女儿年轻时一直啃老,直到上了年纪也不失为一种选择。可是一旦换成儿子就不行了,结婚无望,跟父母一同变老的中年男人……

信田 那家族成员中就缺乏了看护者呢。只不过,选项减少了,人肯定会越来越轻松吧?

上野 因为到了那种时候,人就不得不咬牙做决定了。

"性的赏味期限"已延长

信田 有的人认为,进食障碍等种种成瘾症状,其实是自己主动消除选项的行为。人们通过这种行为到达唯一的归节点,然后重生。故事再一次开启。我觉得,患有进食障碍的女生的康复故事,就有着这样的意义。

上野 她们康复的契机是什么呢?

信田 从零开始,也就是堕落到深渊的最底层,让所有选项消失。

上野 消失的选项,说白了就是被男人选中的选项吧。

信田 那个会留下。还有,生孩子的选项也会留下。就算闭经了也还是会留下。患有进食障碍的她们都已经辍学在家,而她们的母亲则认为,相比不吃饭饿死,还是同意女儿退学更好。可是这样一来,她们成为 OL 的道路就会被封死,前途变得越来越狭窄。于是,她们在埋葬了所有选项的基础上,重新开启一个个选项。所以进食障碍的人认为,这就像在从头开始构筑名为"自己"的故事。她们一点点恢复,争取先回到能去便利店做收银的状态。

上野 她们埋葬的选项中,是否包括女人在性爱方面的赏味期限呢?我曾经见过一个克服了进食障碍,体态变得丰满的女性。她说:

"三十岁过后,我觉得自己的身体不再是男人性凝视的对象,所以能放心吃东西了。"

信田 所以一部分患有进食障碍的人近几年开始接触女性主义了。因为即使她们过了三十岁有所恢复,体态变得丰满起来,还是会因为异性的凝视产生"我是女人"的念头。

上野 因为性的赏味期限正在延长。过去啊,女人一过三十岁就不能侍寝[1]了呢。

信田 那应该是另一种意义,或者说库存残留的感觉。也就是说,因为进食障碍体重不断下降的时候,并不存在自己的身体是性对象的自觉,患者甚至会回避那种自觉。

上野 "库存残留"这个表达真是太棒了。那个"库存"其实是自己的"库存",男性只是次要的存在吧。

信田 说到进食障碍,人们讨论至今的其实是亲子关系。有一种恢复的契机就是切断与父母的关系。这在某种意义上其实很重要。另一种就是意识到"身为男人性凝视对象的我"。但是在有统计的进食障碍恢复数据中,它所占的比例极小。

上野 20世纪90年代,我第一次见到精神科专家斋藤学时,就用一个问题"纠缠"过他:为何人会对食上瘾,而不是对性上瘾?女生的成瘾症状中,最容易理解的就是性瘾。因为女生无须开口,对方就自

---

[1] 侍寝:这里指江户幕府时期的大奥(日本江户时代幕府将军后宫名称)规矩。(译者注)

动找上门来，简直太容易了。他的回答跟我的推测一致。因为性的道路被禁止了。所以对进食障碍人士来说，性的问题是被封印的。正如你所说，它成了"库存残留"。

信田　而封印它的人，则是母亲。

上野　她们将母亲的禁令吸纳成了超我的一部分。

信田　用"超我"来解释的确可行，但我不太想用这个词……总之，切断与父母的关系会成为恢复的契机。一旦切断，就能……

上野　就能摆脱禁令。

信田　没错。如此一来，一直被当作库存残留的女性意识就理所当然地浮出水面了。

上野　要到几岁呢？过了三十岁吗？

信田　基本上都是二十几岁过得一团糟，到了三十岁出头才安定下来。所以正是以"30代"为中心。

上野　那太有意思了。因为在短时间内，性的赏味期限延长了二十年到三十年，过去三十多岁的女人都是老太婆，在男人眼中……

信田　不能侍寝。

上野　……就是这样。而现在，"30代"还是现役的性积极人士呢。

信田　现在"50代"也算现役吧。

上野　渐渐有这个倾向了。所以现在已经无法封印性行为了。过去，三十岁的女人都会说："我已经是个老太婆了，呵呵呵。"还会说："我已经嫁作人妇，怎么能……"

有一本标题很没品的书,《我什么时候成了"对象外女人"》(讲谈社,2002年)。这本书讲的就是女人的赏味期限,作者是四十岁出头的大塚光女士。书的主要内容是女人作为性对象被男人排除在外的前一刻,也就是在赏味期限即将过去的时期最后让鲜花绽放一次。当时我就想,这个作者的思想好陈旧啊,而作者本人其实是已婚人士。

森瑶子凭借《情事》(集英社,1978年)出道时已经三十八岁了。她在《情事》中写了一句很著名的台词:"我想做爱,疯狂做爱,做到直犯恶心。"正是这句话,抓住了"30代"中期的女人的心。

信田 从这个意义上说,森瑶子可谓创造了新时代。

上野 是的。她当时处在"30代"后期,《我什么时候成了"对象外女人"》的作者大塚光则是四十岁出头。当我得知她是"40代"时,突然醒悟到:原来如此,这十年、二十年间,赏味期限延长了呢。

身为诱惑者的女人

信田 刚才上野女士说,女人很难说出"就算不被男人选中,我也是我"这句话(第026页)。看来,当女人说"我"的时候,里面包含了"被男人选中"的附加条件呢。看女播音员就很明显,为什么一个念新闻的人,必须长得漂亮呢?

上野 关于这点，我认为小仓千加子在《性行为心理学》(有斐阁，2002 年）中提到的"何谓青春期"的定义很优秀。所谓青春期，在女生对自己的肉体乃是男性的欲望对象、男性的凝视乃是对自己估价的现象产生自觉时开始。青春期与女生的生理年龄无关。如果 3 岁产生自觉，那么青春期就从三岁开始……这个世界真是太可怕了。

精神分析学女性主义有一本著作，是珍·盖洛普（Jane Gallop）的《女儿的诱惑》(*The Daughter's Seduction*，劲草书房，2000年）。"身为诱惑者的女儿"其实是精神分析学的关键词之一。那是弗洛伊德式的倒错，也就是原因与结果的颠倒。它提示了女性肉体价值的认可来自男性凝视，其价值掌握在男性手中，并不属于女性。因此女性无法进行操控。女性的价值完全依赖于男性的评判。尽管如此，男性却转嫁了责任，认为自己受到诱惑的原因在于女性。

说到转嫁责任，DV（Domestic Violence，家庭暴力）的加害者也一样，他们常说："是她逼我的。"

信田 儿童虐待的情况也一样。加害者会说"孩子太不听话了"，把责任转嫁给受害者。

上野 到了性行为中，就会变成"女人是诱惑者"。

现代家庭中，第一个告诉女儿是诱惑者的人，就是父亲。弗洛伊德左派社会学者亚历山大·米切利希（Alexander Mitscherlich）有一本著作《没有父亲的社会》(*Auf dem Weg zur vaterlosen Gesellschaft*，新泉社，1988 年），提出了"Positional Father"（地位式父亲）这样一个绝妙的概念。父亲情结与真实父亲的存在没有关系，只要父亲的位置上有父亲的替代品就够了。换言之，在具有父性理想的社会，实际的父亲是什么样的人，实际的父亲是否存在，这些都不重要。甚至实际的父亲越没出息，或者干脆缺位，才越能保证父性理想的完美构筑。

信田　总而言之，青春期是因父亲开始。

上野　我认为女儿三岁就学到了。

信田　我也这么想。有些三岁大的女孩子会故意做出让男人感觉她在诱惑的动作。可能她们都是得到了父亲的肯定，才会这么做。

上野　当女儿逐渐意识到自己在男性眼中的价值，母亲就会察觉她们会使眼色了、有媚态了，并为之震惊。

信田　有没有母亲对儿子的凝视，也就是身为诱惑者的儿子？

上野　也许有。

信田　我知道有这么一个扮演威风骑士的小学男生，是听一位托管中心指导老师说的。假如大人露出疲惫的表情，那个小学一年级的男生就会走过来叫那个人的名字。用上野女士打比方，他会说："小鹤，你累了吧？"如果回答："你怎么这么体贴呀。"他就会说："交给我吧。"这其实是"女儿诱惑"的另一种形式，我猜测，他的母亲在日常生活中一直在追求这样的男性气质。

上野　我认为那是学习效果。在学习的背后，隐藏着母亲不间断的发信："你看看你父亲，千万不要变成那种人。"也就是说，孩子的行为投射出作为反面教材的父亲，以及母亲（妻子）对丈夫的不满。

信田　是有可能呢。

上野　这就成了教科书式的经典弗洛伊德范式，挺没意思的。

信田　我倒完全不这么想。

上野　这个构图听起来完完全全就是现代家庭成立伊始的父子关系、母子关系的最原始形态，我觉得还要在其中加入时代的要素。

身为"男性欲望对象"的自觉

信田　这话说出来，上野女士可能会笑。我从来没有过自己成为男性欲望对象的自觉。

上野　那你是假无知还是真迟钝？

信田　不对不对，是真的。陌生男性的视线虽然有时会令我不适，但我从未察觉过自己成了某个相识男性的欲望对象。

上野　到几岁为止？

信田　到几岁……到现在。

上野　骗人。我们俩聊天你就别装无知了。

信田　有时候即使感到"这个人可能对我有意思"，也会故意不去发现呢。

上野　这种潜在的可能性有个前提，就是男性的目光如同磁力或重力，遍布全世界。

信田　的确是遍布全世界。

上野　所以将它封印或屏蔽的行为，其实反倒是极其有自觉。

信田　可是成为别人的性欲对象，你不觉得很讨厌吗？

上野　有的女人反而会利用这个事实，牵着男人的鼻子走。你没干过这种事吗？

信田　我？牵着男人的鼻子走？

上野　你读林真理子的小说就明白了。女性察觉了男人赋予自身的价值，然后利用这种价值操纵男人。林真理子在作品中十分露骨地表现了她对那种行为的憎恨。而且，很多女孩子往往是无自觉、下意识地做这种事。这些女孩子往往极力撩拨对方，但是表面上又假装清纯。来自亚洲性压抑较强的国家的女孩子尤其擅长。

信田　越是弱者越会这么做吗？

上野　因为将女性当作性欲载体的目光如同重力，遍布了整个世界。

信田　这我明白。

上野　唯一的不同在于是否感知那种重力。而抵抗重力需要很强的意志。

信田　这样啊。我觉得自己一直在抵抗那种重力，这样说对不对呢？

上野　是这样吗？人的自我认知往往是事后捏造出来的哦。

上野之父，信田之父

上野 拿我举例。我在三岁那年从父亲那里学到了"身为诱惑者的女儿"的定位。也就是说，我能够随心所欲操纵父亲。我使用的就是潜藏在自己体内的、难以言喻的、不明原因的力量。另外我还学到，母亲会因此嫉妒我。只要是对父亲，无论多么小的女孩，都有那种力量。自己越是弱小，诱惑就越能够成为"sense of power"（自身力量感知）的源泉。我想，自己年轻时应该就是这样不断考验男性的。这应该算是很令人讨厌的女人吧。

信田 上野女士经验这么丰富，真好啊！我也想试试。

上野 你没试过？骗人。

信田 真的没有。

上野 为什么要封印呢？有什么特殊理由吗？

信田 嗯……应该是嫌恶吧。

上野 那种嫌恶是如何被植入脑中的？

信田 我觉得应该是受父亲的影响。父亲很讨厌谄媚的女人，所以没把我培养成那样的女儿。

上野 他没有将女儿培养成诱惑者。

信田　绝对没有。

上野　哦？你父亲是那种坚定的禁欲者吗？

信田　那倒不是。

上野　不希望女儿成为带有性属性的存在，莫非反面印证了对女儿的控制欲？

信田　有可能。

上野　但是对妻子不一样吧？

信田　应该不一样。他也许想在与谄媚和诱惑完全绝缘的环境中培养女儿。

上野　英才教育啊。

信田　他想培养的究竟是什么呢？

上野　应该是父亲眼中的理想女性。换言之，就是完全按照自己的梦想培养出来，不交给任何男人的女人。你找到结婚对象时，令尊的反应怎么样？

信田　是有一点反应，但还挺克制的。

上野　他没有感到失望吗？

信田　对我吗？啊，是失望了。

上野　你竟然也会结婚，这样吗？

信田　没错没错，就是这样。在我生了孩子之后，他也很失望……看来他一直把我视作不被其他男人侵犯的女儿了。

上野　不交给其他男人的女儿。在某种意义上说，这是男性家长的傲慢。

信田 有道理。我父亲其实是个非常有常识的男性，母亲一直对他洗脑，说女儿必须得结婚，但是在我怀孕的时候，他还是表现得特别迷茫。我认为，父亲对我的感情是很矛盾的。

上野 我的父亲更软弱、更自我，从来不会隐藏或克制自己的欲望。所以他对我溺爱得很彻底。父亲对我着迷得不行，可就算我只有3岁，也能看出他着迷的原因并不在我身上。

小孩子很狡猾，一旦见识到原因不在自己身上的力量，她就会毫不犹豫地加以利用。而且，还是针对母亲使用那种力量。我父亲对母亲很粗暴，所以母亲看到疼爱女儿的父亲，就对女儿产生了嫉妒。家庭内部的权力动态。这样的现代家庭很好理解吧？

女性性资源的利用

信田 我也好想用用那种力量啊。是不是很爽？

上野 我觉得信田女士不可能没用过。请你按着胸口对大家坦白，就说："这是我有生以来头一次的告白，以前我从未对人说过……"

信田 不是不是，我真的没什么印象。因为我给自己构筑的故事，就从未使用过那种力量。

上野　原来如此。那么是否存在"其实那个时候"的情况呢？

信田　也许有吧。我是有过在知道"哦，原来这个男的会任我摆布"之后，随心所欲的经历。

上野　因为你确实拥有那样的资源。

信田　什么资源？

上野　女性性资源。

信田　女性性资源是什么意思？

上野　打个比方，就是林真理子不具备，而信田小夜子所具备的东西。你应该知道吧？

信田　上野女士你总是这么说话。不过说真的，我真的没有。在这个意义上，我与男性的关系是极度禁欲的。说出来可能会没有人相信，其实我对自己的性感到非常矛盾。

上野　我在这方面其实有着与你相反的矛盾。我一边检验自己的性的存在感，一边对其感到厌恶。一旦开始尝试，男性就会深陷其中，我每次证实了"这人也只是个雄性"之后，就会产生厌恶感……

信田　我没有做过那种尝试。

上野　那证明你一直以来都在克制自己。我是个极为有主见的姑娘，因此为了自身的观念，不惜牺牲肉体。

信田　哦，太厉害了。

上野　所以我觉得自己跟援助交际的女孩子有点像。我们都想验证肉体是否会随观念而动。最后证明，真的会。真正尝试过后，就发现没

什么了不起的。没有爱也能做爱，还能同时爱两个人。（笑）

信田 确实是观念性的行动呢。

上野 没错。这并非出于性欲。其实女人就是通过这种方式，在什么都不做就能立于优越地位的男人身上找到"sense of power"。

信田 也对啊。我可能在工作上利用了这种力量。我会对男性精神科医生说"老师，你真是的"，也会说"拜托你了嘛"。这不都一样吗？

上野 你那是演戏，对吧？

信田 当然是演戏。

上野 那就是有意识地去做。那么你也目睹了对方男性轻易上钩的场景，对吧？

信田 目睹了。

上野 太简单了。

信田 真的。我在心中默念："这人太容易了。"嘴上则说"谢谢你啦"便万事大吉。

上野 因为对方会做出完全符合剧本的反应。所以说，其实你也是会操控的。

信田 也许女性只能在这些方面发挥力量。

上野 嗯，所以说是少数的机会。

信田 少数？难道说还有别的吗？

上野 成为母亲之后，就能体验到更大的"sense of power"。届时男人就更不值一提了。我真的很不喜欢这种权力关系。女性与男性的权力关系固然讨厌，但更为绝对的权力关系便是亲子关系。如果是男女关系，男人不情愿了，大可以从我面前逃走，因此我可以说："你自己不跑，难道还怪我吗？"但是对孩子，我没法说这句话。这便是我不生孩子的理由之一。

信田 你在几岁发现了这一点？

上野 其实还挺早。我思考自己的亲子关系时，非常害怕今后自己转变到强者的立场上，与他人重复这种关系。我就是摆脱不了这种恐惧。

信田 经常会见到这种人呢。

上野 正因为我知道不对等的人际关系是什么样子，才不想去创造那种关系。对我而言，那是禁忌。

信田 最可怕的事情莫过于自己变成强者了。因为家长与孩子的关系，只可能是绝对的权力与服从。

上野 没错。所以反过来说，只要我认为对方是强者，就能对其任意践踏。后来我发现，那些被我视作强者的男性竟意外地很脆弱，是一种容易受伤的生物。

不过，我觉得很有意思啊，没想到信田女士把诱惑男人这种权力方式当成了禁忌。

信田 今天算是出血大服务了。

上野 本国初次上演呢。

第三章
"无爱也可有性"明明是常识

已婚女性现已加入婚外恋市场

上野 我想探讨一下婚姻的空洞化。

信田 因为结婚所以有性行为，因为没结婚所以没有性行为，这个等式在20世纪70年代就不再成立，"性"与"婚姻"都跳出了"爱""性""婚姻"三位一体的浪漫价值观。

上野 婚姻发生了两种异变。其一，性不再是婚姻的附属，因此无性也不再成为离婚的理由。其二，婚外恋不再罕见，因此它也不再成为离婚的理由。在此之前，婚外恋几乎无一例外，都是已婚男性与未婚女性的关系。但是现在，已婚女性已经加入了婚外恋市场。这就是所谓的"金妻"现象。有趣的是，在"50代"的人群中，团块世代[1]构成了一个分歧点。团块以前的世代不会将婚外恋的欲望化作行动，而团块世代以后，就出现了将婚外恋欲望付诸行动的女性。

关于婚外恋，女性周刊之类的媒体基本上采取了否定的态度。然而实际寻访女性个体，就会发现"总体反对，部分赞成"的现象：明星出轨不可原谅，社会面将其视作不道德的行为；可是朋友出轨，她

---

1 日式用语，指出生于1947年到1949年间的一代人，也是二战后日本出现的第一次婴儿潮人口。（编者注）

们却会支持；自己出轨，当然也是没问题的。更有意思的是，还有一种支持出轨的人际网，比如帮出门见情人的朋友看孩子，还帮忙应付丈夫的查问，团结得可紧密了。

信田　原来如此。不过换作男人，就不需要个体的支持，因为他们有社会的支持。

上野　正是如此。

信田　说到婚姻，我第一次见上野女士时，你还说过"我以为信田女士离婚了"。

上野　因为有那么多踩着人生各种泥泞的人来到你面前，而你则用极大的包容和理解去对待他们啊。这证明你对他人有强大的理解能力。会得出这个结论一点都不奇怪嘛。（笑）

　　所以我才会猜测，你至少离过一次婚，而且就算没离婚，也是个烟管专家……

信田　"烟管"是什么？

上野　就是"偷空"。

信田　"偷空"又是什么？

上野　我很敬佩的作家三枝和子发明了"烟管"这个说法，可以理解为手上只有入场券[1]和终点车票，没有人知道她中间下了几站。放到婚姻生活中，是指两人的入口和出口一致……

---

[1]　相当于中国的站票，凭票只能进检票口，不能乘车。（译者注）

信田 出口？

上野 就是说白头偕老，不离婚，但是中途不时偷空一下。

信田 "偷空"具体是指什么？

上野 你要我说得这么细吗？再往下我可说不出口。

信田 是指出轨吗？因为我很包容？

上野 出轨现在已经不是离婚的理由了。还有一个出轨的新现象，对丈夫的不满已经不算是出轨的理由了。

信田 我认为婚姻是一种制度。两个人不知道婚姻是制度而进入了制度，便是结婚。人们因为年轻气盛走进去，结果面对的却是一种制度。知道那是一种制度后，究竟应该将其打破，还是默默遵守……

上野 随时都能取消哦。

信田 可是一想到那个制度保护了某些东西，我还是觉得应该遵守，所以至今仍在遵守。

上野 坦白地说，那就是得益。当今世界，婚姻在各个方面都能提供利益。之所以有那么多人遵守制度，正是因为能够从中得益。所以我关注的是婚姻制度的空洞化实态。

信田 制度不是都挺空洞化的吗？

上野 啊，原来如此。这下我知道答案了。

离婚率不上升，婚姻空洞化

上野 制度的空洞化是日本"被动性解放"的一个结果。在日本，只要不出现离婚率上升、婚外生子率上升这些肉眼可见的变化，制度就会一直维持其形态，同时空洞化不断深入。你有没有遇到过统计数字没有显示，但是在现场感觉明显的空洞化案例？

信田 那些不在乎空洞化，只想遵守制度的人，都不会来做心理咨询。来找我的人，几乎都是那些希望用浪漫价值观挽救空洞化，重现"爱""性""婚姻"三位一体，并为此苦恼的人。

上野 的确是这样。如果能接受并包容空洞化的现实，人就不会痛苦了。坦然活在空洞化现实中的人没有烦恼，也就不会去找你了。

信田 但他们对此不一定有自觉。来找我们咨询师的人，都是深陷现代家庭的桎梏、埋首于家庭幻想的人。

上野 都是些很较真的人啊。

信田 是的。只有较真的人才会烦恼。

上野 其实也是作茧自缚。

信田 然而这些人并不这么想。那些烦恼基本可以归纳为：我们为何不能实现理想的家庭？他有病还是我有病？这些人深信，家庭就是让人安乐的处所,现实中到处都存在着那样的家庭。

上野　你怎么对付他们的?

信田　我会一点点打碎他们的家庭观。要么离婚,要么活聪明点。

上野　坦然面对空洞化的现实?

信田　正是如此。

上野　像我这样。

信田　上野女士肯定早就想这么说了吧。瞧把你给高兴的。

上野　这不是很纯真吗?

信田　你在什么时候会变得这么纯真?说得信田哑口无言的时候?嗯,好吧,算我出血大服务。

上野　咱们彼此彼此,我也出血大服务了。

空洞化的恶果落到谁头上?

上野　如果一对夫妻活在空洞化的现实中,恶果最终会落到他们的孩子头上。你觉得呢?

信田　我觉得完全不会有恶果。因为孩子能明白。与其让孩子抱有不现实的幻想,还不如让他们从小就接受"什么也没有"的真相。就算存在空洞化,正如斋藤环(精神科医生)所说,能坐在旁边倒倒茶,以互相体谅的态度相处，就足够填补空洞了。

上野 嗯……这个说法很乐观啊！可是搞援助交际的案例中，有许多孩子的父母都是经济宽裕的表面夫妻呢。

信田 是的。不过，我认为这也是分层次的。一方面互相伤害，另一方面又会想"爸爸肯定很爱我""我现在只有你了"。相比那些一边认为自己已经实现了现代家庭的理想，一边又深陷互害关系的夫妻，反倒是存在空洞化，但是彼此保持距离，尽量不造成伤害，最大限度共存的关系更安全。毕竟世上不存在"十全十美的家庭"。

上野 与其说更安全，不如说这样孩子更容易掌握生存的智慧吧。

信田 而且还能学会某种类型的人际关系技巧。

上野 反过来说，也可能会丧失对人际关系的基本信任感，对人际关系产生怀疑。

信田 怀疑的背后，不就是技巧吗？

上野 啊，你真要说到这份儿上？

信田 当然啦。

上野 那你会劝自己的客户学会那种愤世嫉俗的技巧吗？

信田 会劝。毕竟技巧的基本就是怀疑。

上野 很法国式的解决办法啊。

信田 没错。我也这么认为。

上野 你会称其为"成熟"吗？

信田 我不会用"成熟"这个词。如果按照小仓千加子的说法，青春期从 3 岁开始,那么传统发展观念中的"成熟"和"不成熟"就不再成立了。

上野 如此看来,信田女士对"真正的我"的厌恶,其实也是对"真正的关系"的厌恶了。

信田 啊,两者是相同的。

上野 那么无可替代的关系……

信田 那东西就是……

上野 当然是幻想。不过,"活在幻想中"和"明知是幻想也要活在其中",两者之间还是有差距的吧。万一有人说"我不像信田医生那样坚强"怎么办?

信田 那我会说:"你这么软弱,真是太遗憾了。"或者回答:"你已经很坚强啦,而且还有我不具备的韧劲。"

上野 就是啊。毕竟那个人既没有自杀,也没有犯罪。"你瞧你,现在不是好好活着吗?"

信田 这就是解决方法。

上野 但那也可能是保守主义的泥沼。

信田 这个洞见非常犀利。

舍弃幻想就能脱离苦海

上野 幻想会让人作茧自缚,现实与幻想的落差成了痛苦的来源。所以只要舍弃幻想,痛苦的原因就消失了。

说到这里,我就会想起伊藤比吕美[1]。她成长在一个不健全的家庭中,面对现状产生了"家庭不应该是这样"的错觉,因此形成了自己必须亲手打造现代理想家庭的强迫观念。后来她离开了那个家庭。对此,你怎么想?

信田 我觉得她应该是受到了年龄的制约,或者说陷入了她那个时代的强迫观念中。现在"10代"的孩子中,还会有那种人吗?我看漫画时发现,少女漫画的世界中早已没有了强迫观念。所以年青一代的女性不会有。男性应该还有。总而言之,现在的"10代"孩子应该不太需要担心。

上野 从这个意义上说,现在的"10代"人群已经生活在了家庭空洞化和家庭瓦解的现实中。只要不去感觉现实与幻想的落差,大家就不会想死,不会患上心理疾病,能好好地活下去了。

信田 但是反过来,正因为没有幻想,人们才会真切地感受到"没有

---

1 日本诗人、小说家、翻译家,著有《女人的绝望》《闭经记》等。(编者注)

立足之地"的现实。

上野 "我必须有立足之地,不可能没有。"这本身不就是一种幻想吗?

信田 应该算是自己的自我得到了认可,哪怕只有一瞬间也能得到接受的立身之处的幻想。如果家庭碰巧不是那样的地方,那么正因为没有了"家庭必须是这种地方"的幻想,才会产生"我得在家庭之外寻求立身之处"的选择。上野女士说过,这就是少女从事援助交际的原因吧。

上野 嗯。

信田 这真的很难呢。

上野 不过那也是幻想,你能一直深入到最根本的地方,断言世上不存在立身之处吗?

信田 是啊,如果能就好了。只是真的能说出那种话吗?人真的能在没有任何人际关系的地方生存吗?

陷入"关系"泥沼的现代家庭

上野 家庭建立在契约之上,而已经渗入了违反契约因素的,便是空洞化家庭。世上也存在仅成立于仪式之上的夫妻。反正就是这么回事。家庭是一种彻头彻尾的制度。

其实过去的家庭就有仅成立于仪式之上的属性。如何吃饭，如何过日常生活。以前好人家的规矩特别多，比如"吃饭时说话成何体统"。现代家庭因为打破了那种仪式，所以陷入了"关系"的泥沼。

信田 的确是这样。那么现在还可以回归制度、回归仪式吗？绕一个大圈子……

上野 我不认为可以回归仪式。仪式已经可以弃却了。换个说法，我认为近代家庭的泥沼，就是在打破了某种固定仪式后，不得不以坦诚相对的方式创造关系的两性问题。

信田 父母、子女，是吧。

上野 是的。其中当然也存在最低限度的定型。所以才会有斋藤学所说的家庭成员演绎的仪式，也就是妻子机器人、母亲机器人、孩子机器人这种，体现在森田芳光《家庭游戏》（1983年电影）中的现象。

家庭实际并非由实体，而是由仪式组成的，但很多人误以为它必须存在实体。也有人认为：只有仪式有何不可？仪式的内容是规矩与礼仪呀。

信田 我想提倡仪式家庭。

上野 既然如此，令其存续的理由是什么？你不觉得既然都这样了，干脆没有更好吗？

信田 打破家庭的代价恐怕很大吧。

上野 如果今后将要成立家庭的世代开口说出"我不需要那种东西"，

你怎么办？已经存在于仪式家庭中的人因为没有打破的理由而一直持续，这完全没有问题。但是，越来越多的男女从一开始就认为"我不想进入那种地方"，造成不婚现象蔓延，这也是没有办法的。

信田　可是那些人应该也会不断追求家庭的实体而受伤败北，却依旧孜孜不倦地追求实体吧。

非婚现象再怎么发展，结婚意愿依旧不减

上野　所以说，能说出不需要仪式的人，都必须具备一种态度，就是不去追求无可替代的关系或是立足之地的保证。

信田　但是有的人可能在追求不存在实体的、无可替代的关系，最后在短短一年后败北，下次继续"啊，原来他才是无可替代的人"。如此不断重复。

上野　那就会变成最坦诚地活在浪漫价值观中的事实婚姻夫妻这种悖论式存在。美国有许多不断离婚、再婚、三婚的夫妻，如此反复的真正的一夫一妻制人士就是这样。他们属于最古典的人。

信田　那些人不会变多吗？

上野　我不认为会变多。

信田　真的吗？但家庭幻想应该会不断变化形态，走向多样化。

上野　但是正如你刚才所说，生活在空洞化家庭中的"10 代"年轻人也许不再具有家庭幻想。

信田　有的家庭也会奇迹般地认为"我们这个家庭最棒"吧。

上野　我听不得这种话。

信田　不对不对，肯定有这样的家庭，而那些家庭里的孩子也会因为"我想有爸爸妈妈那样的夫妻关系"而结婚。

上野　也许并非没有，但应该很难再生产。

信田　真的吗？你去看看婚礼现场，大家不都是哭哭啼啼，给父母递花束，对他们说"谢谢"吗？

上野　结婚意愿为什么不会降低呢？我真的觉得不可思议。

信田　应该还是因为可以重启吧。通过婚姻重启人生，开始新的生活。

上野　这么说来，非婚现象与结婚意愿并不同步，其实结婚意愿依旧很高。许多研究者认为，非婚化现象之所以蔓延，是因为结婚意愿的期待水平始终没有降低，才会导致人们不愿结婚。

信田　正因为描绘了很大的梦想，才无法结婚。这在知识水平较高的女性人群中更为普遍呢。

上野　其实有件事我一直想不明白。我是这样定义婚姻契约的——"将自己身体的性使用权与特定、唯一的异性绑定，签署终生性排他式转让契约。"为什么现在的年轻人会想签这样的契约呢？

信田　因为他们还是需要强烈的幻想。

上野　对呀。不过，只要我对年轻女性说起这件事，她们就会回答："谁也不会认真思考那种事啦，都是暂时性的。"她们都没有把婚姻当成终生的契约。

信田　真的是这样吗？我倒觉得她们把婚姻当成了一辈子的事情。

上野　我就是不清楚这个方面。年轻人说的话究竟有几分真、几分假呢？

信田　他们恐怕口头不说，心里却认为"结婚就是一辈子的事"。尤其是女性，不仅将其当成了一辈子的事情，而且很重视性的专属权。

婚姻的快感与陶醉

上野　我认为不可思议的是，人为什么会产生管理他人身体，或者拥有支配他人身体的权利的这种错觉。对方在别的地方使用了自己的身体，他就觉得自己有权利谴责"你竟然背叛了我"。这究竟是为什么？我真的百思不得其解。

信田　我特别明白。

上野　我一点都不明白，你教教我吧。

信田　因为"你是我的"呀。

上野　为什么会这样想呢？我真的不明白，我听到这话就像听到不同人种说的外国话。他们不是活在制度的空洞化之中吗？

信田　那肯定各有各的理由嘛。

上野　但是反过来，他们自己的身体，支配权也在对方手上了。

信田　自己是不一样的。总之，不能给别人，必须属于我一个人。

上野　为什么能这样想？

信田　不是能这样想，而是感觉。"我那么爱你，你要听我的。"那并非资格，而是支配的感觉。

上野　好可怕。

信田　是很可怕。

上野　骇人听闻。

信田　是的，骇人听闻。不过，对方应该也很高兴哦。

上野　啊！我怎么都想不明白。

信田　也有点契约的感觉在里面。

上野　所以说啊，他们竟会缔结那样的契约。世界上有许多人都在做我无法理解的事情。

信田　婚姻就是那样的契约嘛。所以前面也说了，那是浪漫价值观。

上野　现在的年轻人在婚前恋爱多次，还要主动选择排他式的契约关系，我真的想不通。

信田　一定是因为安身的轻松。一旦安身，就再也不需要思考。他们也许会产生一种"这样就好"的放松感。毕竟没有了选项，的确很轻松啊。

上野　逃离自由。

信田　是的,一定是为了逃离自由。

上野　但是在那之后,他们还是会忍不住去烦恼。比如"婚后还有恋爱吗?""夫妻之间的情爱有可能恢复吗?"都是些令人难以置信的作茧自缚、自作自受的烦恼。明明只要去掉前提,就不会再有烦恼的理由。

信田　我认为,如果一个人不相信浪漫价值观,就不可能步入婚姻。

上野　然而婚姻是一种仪式。有的人还会相亲结婚。

信田　如果是恋爱结婚,就需要浪漫价值观。然后,婚内人士因为某种契机摆脱原来的浪漫价值观,使婚姻空洞化,与配偶形成仪式家庭。你说对吗?

上野　可是,生活在那种家庭中的孩子却要接受同样的契约,这让人更想不通了。他们可都是主动的呀。

信田　尤其是女性,应该是把婚姻这个台阶当成了往后人生的保证。虽不知道她们是否具备将性的使用权让渡给单独个体的意识,但是,"他只有我一个人"的快感使人更加陶醉于婚姻,再加上重启人生的幻想,就形成了结婚意愿。

不过像上野女士这样,认为自己没资格拥有他人的身体使用权的人也很不可思议呢。

上野　我觉得这是理所当然的呀。

信田　从观念上来说是这样的。我也认为自己没有那样的权利。

　　我听过这样的故事：一个女儿患有进食障碍的母亲会去检查女儿的月经，然后说"这个月来了"，或是"三个月都没来"。她甚至会去监控女儿的体重。我觉得这太可怕了。

上野　就像检查婴儿的排便情况。

信田　母亲检查并控制一切，就是对孩子身体的使用权。她们会说："你要再胖点。"或者："你来月经了，太好了。"结合这个思考，就能领悟到上野女士所说的"拥有他人身体的使用权何等可怕"。不过，男女之间的性独占权，又有点不一样呢。

上野　我不明白。

脱光能改变什么？

上野　话说回来，对性爱附加的过剩意义，在性规范显著放松的年轻人中间也以一种负面的形态呈现出来。年轻人为何援交？正是因为对性赋予了过剩的意义。她们的父母一代将性视作禁忌，所以她们要反其道而行之。另外，正因为男性人群对"10代"的性行为赋予了过剩的价值，才会促使她们去谋取那种法外的价值。而她们深知那种价值是短暂的，才会在那短暂的期间试图获得利益。

我想说的是，性爱与肉体的价值什么时候变成了现在的模样。

anan[1]做过一个"美好裸体"的特辑，倡导"在你的裸体最美好的年华，找著名摄影师将它记录下来吧"。于是，一些很普通的外行的女性全都上赶着脱下了衣服。读者主动提出"请拍我"，并主动脱下了衣服。这些人全都用一句话总结了自己的动机："想趁年轻留个纪念。""想脱胎换骨。""想制造人生转机。"

这些求荒木经惟（日本摄影师、艺术家）给自己拍写真的女人，也对性赋予了过剩的意义。她们并非不在乎脱光，而正是因为对自己的肉体附加了过剩的价值，才会脱光。她们口口声声地说"我想改变人生"，然而不过是脱了一身衣服，人生凭什么会因此改变？我每次看到荒木的写真，都会感到毛骨悚然——原来性的过剩意义到现在还没被消解啊。

信田　原来如此。涉及肉体和性的行为，就这样被赋予了社会性意义，连单纯的脱衣服拍写真，也能成为极其重要的人生转机。

上野　援交同理，决心去拍 AV 的女生也同理。金钱固然是一种动机，但除此之外，她们还会说："我想靠这个改变人生。""我想放飞自己。"但我认为，性的过剩意义并非亘古不变、人类普及的观念。

信田　从这个意义上说，我认为少女漫画已经超越了那个观念。性的过剩意义已经褪色了。

1　anan（《安安》），日本的女性周刊。

上野 你是什么时候注意到的?

信田 从20世纪80年代开始。最先让我注意到的作品,就是《Asuka漫画》上刊登的鸟羽笙子的作品。它可谓具有划时代的意义,看得我瞠目结舌。我已经忘了漫画的标题。总之,那是一部边笑边享受性爱的漫画。

上野 带有那些观念的世代已经成年了吗?

信田 十岁、十五岁读到那种漫画的人,正好是现在的"30代"。

上野 嗯……可是现在的"30代"给我的感觉,依旧是在荒木面前脱光衣服的女人啊。

信田 嗯,所以这就叫真正的割裂状态,不是吗?她们看那样的漫画长大,却被囚困在上一代的规范之中。

对了,我很讨厌荒木的摄影作品。

上野 因为太恶心了。怎么就没人明说呢?竟然有这么多女人愿意跑到荒木那里脱光衣服拍写真。不过是脱衣服,不过是裸露性器官,对女人来说,这不反倒印证了这些东西都被赋予了过剩的意义,被视作禁忌了吗?

第四章

男人的"爱"与性行为

男性讲述的自身的性行为

上野 最近这段时间,年轻的男性研究者开始以讲述自身经验的形式探讨他们的性行为。

信田 我还创作了一首相关的川柳[1]呢。"社会学,以'僕'[2]为主语,便是临床社会学。"翻开临床社会学的书籍,一些人用"僕"来写文章,读了感觉特别胸闷。

上野 你不喜欢"僕"吗?

信田 我会想,他以前不都用"私"[3]吗,怎么突然用上这个了?

上野 现在学术论文中使用"僕"作为主语,已经成了新潮流哦。

信田 我知道那是新潮流,但我很讨厌别人赶潮流或制造潮流。

上野 我理解你的心情。那么,用"我々"[4]可以吗?更不行吧。

信田 "我々"不是早就有了?

---

1 日本的一种诗歌形式。(编者注)
2 僕:日语读作"boku"(音),日语中的第一人称代词,其语感带有一些书生气和自谦,通常用于男性平辈之间或对晚辈的交流,正式场合则不适用。
3 私:日语读作"watashi"(音),日语中的第一人称代词,用途最广泛,性质最中立,可用于正式场合。
4 我々:日语读作"wareware"(音),意为"我等"。

上野　所以才更不行啊！这个词压根儿没有指代任何一个人。用这种人称代词说的话，都是不负责任的话。"僕"这个第一人称早期先由男作家使用，后来影响到评论家。加藤典洋[1]也会用这个词。

你看不惯的只是第一人称的用法吗？还是他们讲述的内容？森冈正博[2]就用"私"，而不是"僕"。

信田　假设有个别、有特殊、有普遍，那么原本处在"普遍"的人突然跳到"个别"的区域里，我可能会感到那是一种欺骗行为。另外就是，这么做仿佛在强调："哎，我知道这个'个别'的存在。""必须要从这里出发哦。"读完整篇文章，也无法理解他为何将"僕"和"私"区分开来，完全感觉不到其必要性。

上野　《成瘾与家庭》（日本嗜癖行为学会刊物）做过一个男性性行为特辑，请森冈正博和中里见博写过文章。他们都不用"我々"。森冈不用"僕"，而是用"私"。

2002年，日本女性学会举办了一场名为"关于色情产品之话语"的研讨会。她们拉来了三个男性发言者，一个是森冈，一个是沼崎一郎，还有一个是风间孝。他们都用单数第一人称发表了演讲。这是有必然性的。比如，森冈以"私"为主语，讲了"我为何对迷你裙有性冲动"。对迷你裙是否有性冲动存在着个体差异，相当于那篇文章全在讲他自己，所以必然要使用单数第一人称。

1　日本文艺评论家，著有《战败后论》等。（编者注）
2　日本哲学家，著有《无感男人》《草食系男子的恋爱学》等。（编者注）

从这个意义上展开，去思考性行为的当事者性，才会有男性以"私"的第一人称去讲述自己的个人经验。

这是我的真实体会：当我们尝试用女性的话语谈论性行为时，由于女性从未有过用自己的话语谈论性行为的经验和历史沉淀，她们就没有可用的话语。她们甚至不得不用沾满了男性油污的话语去称呼自己的性器官，不得不像男性那样，将性行为称呼得很污秽，从而陷入两难的境地。就在这时，我猛然发现，男性讲述性行为时，使用的都是"我々"这个没有指向性的人称代词。这给我留下了很深刻的印象——其实男性在使用"僕"或"私"讲述之前，早已说尽了自己想说的话。

最近也有男性以"私"为主语讲述无保护的性行为。文章讲述了男性进行无保护的性行为，以及在"私"这么做的时候，究竟是怎么回事。那个人用"私"这个第一人称讲述道：在珍视对方的情况下，会采取有保护措施的性行为。但是对不想负责任的对象则会做。仔细一想，我此前从未听男性说过这样的话，因此有一种恍然大悟的新鲜感。总的来说，我对这个潮流是比较欣赏的。

信田 那么说来，在性爱方面，以前并没有个体的"私"的发言？

上野 男性应该没有，这就是我的疑惑。

信田 女性当然也没有吧。

上野 但是，当女性开始讲述时，并没有使用"我々"或"我们"这种称呼。她们从一开始就用"私"作为主语讲述。

在男性的世界，情色内容也存在着通用代码，没有人能提出异议，说"我不这么想"。他们之所以要在男性雄风方面一较高下，也因为性的霸权主义中存在着通用代码，若不与之趋同，则下三路的交谈就无法成立。事实上，除此之外的男性都没有讲述关于"我自己"的故事，因为他们既不掌握讲述的话语，也没有讲述的机会。

说到男性性行为的代码化，森冈在"我为何对迷你裙有性冲动"中讲到，他有一次见到明显是男性却穿着迷你裙扮女装的人，也产生了性冲动。也就是说，他的性别认知与欲望的反应并不挂钩。他虽然没有对此进行深入的分析，却让我受到了启发。原来女性的身体甚至不是身体，已经化作了一种符号。正因如此，只要女人脱光衣服，男人就能随地发情，不分对象。

其实在这方面也分人。有的男人跟任何女人都能发生性行为，这种人就将女性完全符号化了。换言之，就是其内部拥有某种恋物癖式的机制。

信田 难道有的男人不这样吗？

上野 我认为有的男人不这样。

信田 但是拥有那种机制的男人是男性的代表，与之相反的男人不得不保持缄默，因此他们在个体性上一直是沉默的。

上野 我也是这么想的。

过于陈腐的男人

信田 竹田青嗣[1]在《小说 Tripper》上与东浩纪[2]做过对谈。其中一节讲道:"一旦有了家庭,自我这个单位就延伸到了妻子和孩子身上。""家庭与自我的身份认同相重叠。"

上野 什么?

信田 这算是自我的延长吧?

上野 竹田青嗣这么说过?

信田 真的这么说过。读到那段话时,我感觉特别恶心。

上野 嗯,嗯。

信田 我忍不住想:"你妻子才不想跟你的身份认同重叠吧。"可他却在对谈中大大方方地说出来了。有时跟富有良知的男性交谈,也会有这种感觉呢。

上野 他太陈腐了,不可取,连江藤淳[3]都不如。我以前就觉得竹田青嗣很奇怪,没想到果然如此。与其说奇怪,不如应该说他太通俗了。

---

1 日本哲学学者。(编者注)
2 日本哲学家、批评家。(编者注)
3 日本文学批评家。(编者注)

伊藤整[1]说出"对男人来说,家庭是自我的一部分,所以殴打妻子的时候,他自己也会痛"这种话时,已经是文坛的长老级人物了。跟他对质的江藤淳那时还年轻,说得比较收敛。他说:"其实说到底,不就是最爱自己吗?"

由此可见,殴打妻子在男性的自我意识中,是自残行为的延长。事实上,我听一个已婚男性熟人亲口说过这样的话,他说:"打你的时候,我的心在哭泣。"但是我想说:"痛的又不是你。"

不过话说回来,竹田青嗣真的好陈腐啊。

信田 我忍不住在那一段划线了。

上野 没有人当场反驳吗?

信田 完全没有。东浩纪只是说:"我没有孩子,所以不明白。"

上野 东浩纪也是个装傻的高手。竹田这个人一点都不担心这种话说出来不妥啊。就算真的在对谈里说过,整理文稿的时候也可以删掉啊。我很难相信,今时今日,这样的发言竟然还会公之于众。竹田青嗣跟我们应该是同辈人。我真想现在就去反向采访竹田的妻子和孩子。

信田 你想问"身为妻子,你是否愿意与丈夫的身份认同重叠"吗?如果是我,绝对不想跟别人的身份认同重叠。

---

[1] 日本小说家、诗人、文艺评论家、翻译家。(译者注)

支配与疼爱互为表里

上野　按照信田女士的说法,"支配"与"疼爱"是互为表里的。

信田　没错。说白了就是宠物化。

上野　通过宠物化的操作,确定二者地位不平等的事实。

信田　"眯着眼睛注视妻子"就是这种操作。

上野　我想起了竹田青嗣的可怕言论。我们这一代不是有很多嬉皮士吗?其中一个人去了尼泊尔,后来写了《喜马拉雅的新娘》(日本交通公社,1976 年)。

一个三十多岁、一直在喜马拉雅过着嬉皮士生活的男人,整天被当地一个比自己小十多岁的小姑娘围着,被"哥哥、哥哥"地叫。周围的人都说:"她这么喜欢你,你就娶了她吧。"于是他跟小姑娘结婚,带着新婚妻子回到了日本。

这件事对他来说,就是从漫长的现实逃避中逐渐自立的契机。对妻子的疼爱和庇护,是让他成为一名成熟男性的启蒙,那本书就描写了他的成长故事。周围的人都用关怀的目光注视着他的成长和小姑娘纯洁的爱。毕竟那小姑娘跟随丈夫只身来到日本这个陌生的国度……

信田　能依赖的人只有他。

上野 没错。再加上身边人的支持和鼓励,就成了一个感人至深的故事。真是太可怕了,我都要吐了。用信田女士最擅长的说法,那就是"强制收容"状态。对那个小姑娘来说,家庭成了无处可逃、无处可躲,也无法跳出的强制收容所,而她坚强主动地把自己关在了里面。语言不通的状态,其实就是社会性的强制收容。她只能依赖那里的狱卒。不管那个狱卒是否有暴力倾向、是否会疼爱她,现实都是一样的。

这个男人有了自己必须庇护的人,才第一次产生"我得振作起来"的想法,不再逃避社会。当我意识到男性的成长故事也不过如此时,真的很想说:"那你的嬉皮士生活呢?你从放浪的生活中究竟学到了什么?"而这竟然是个感人至深的故事,真让人毛骨悚然。

信田 《培尔·金特》也一样。我喜欢这部歌剧的音乐,但很讨厌故事情节。培尔·金特四处流浪,最后在一直等他等得瞎了眼的妻子孤独弹竖琴时回到家中,对她说了一句:"原来你一直在等我。"就这么完了。读到这句话时,我的反应是:"这是什么无聊的故事?"

无论多么糟糕的男人,最后都有一个女人跟随他,世上真有这等好事吗?只能依赖那种故事生存的男人,究竟算什么?不就是依靠比自己弱小、比自己弱势的性别来确立自身吗?其实真正的寄生虫,应该是男性才对。

上野 你说得没错。和解杀人[1]也是同理。那个本该寄生于自己的女人

---

1 指发生家暴后男方要求和解,不如意则杀人的现象。(译者注)

竟然自立了。无法原谅。所以才要将其杀害，实现终极的占有。

信田　"喜马拉雅"的故事其实跟生孩子一样。女人不也这样吗？

上野　那是什么意思呢？我跟东浩纪一样——"没生过孩子，不知道呢。"

信田　一些来找我们做咨询的女客户也会说："没生过孩子的女人懂什么。"

上野　是的，经常有人对我这样说。

信田　每次听到她们这样说，我都特别生气。我很想反驳："那你为什么相信儿科男医生的话？男人都没生过孩子。儿科医生了不起，你就听他的，那你为什么只对女人说这种话？"还有啊，每次我问："请问生孩子跟你有什么关系吗？"对方必定会回答："生孩子让我成长了很多。"

那其实就是女人自身创造的"喜马拉雅的新娘"。她们生下一个完全无助的存在，对自己说"他只有我了"，然后实现自我成长。

上野　我会说："原来你必须得生个孩子才能成长啊。"

信田　你这句话完美地概括了那种人——只有通过生孩子才能达成自我的女人。

上野　话虽如此，但也要考虑到母性这个根深蒂固的文化密码，因为正是它支撑了个人的那种信念——"女人只有生过孩子，才算完整的人"。

性伤害，加害者之谜

上野　清水千波在《不能对爸爸说的事》（文艺春秋，1997 年）里分析到：从事教师或公务员工作的家长，对女儿实施性伤害的案例多得惊人。[1]

首先，他们没有钱。其社会和经济实力并不足以供他们在外面结交情人。

其次，他们非常害怕有失体面。换言之，他们都是一些胆小鬼。

对没有一定社会地位和经济实力又爱面子的男人而言，最容易接触到的性对象，而且绝不会说"No"的人，就是自己的女儿。我对此深表赞同，这实在太好懂了。简单明了。对于这明了的事实，我想听听信田女士的看法。

信田　我认为性伤害本身就充满了谜团。在临床经验中，我一直在不断尝试明确其内因。而其中最模糊不清的，是施虐者的形象。我认为，他们并没有明确的性接触意识。

上野　那怎么会呢。朱迪思·赫尔曼在《父亲－女儿》（诚信书房，2000 年）一书中写到，加害者无一例外地会对女儿这么说："你绝不

---

[1] 以日本的社会情况而言。（编者注）

能告诉别人，特别是妈妈。否则这个家就散了。"

信田 会说这种话的人都是有自觉的。而有的人甚至连那种话都不说。

上野 他们就不怕被发现吗？

信田 应该说，他们想当然地认为女儿不会说出去。

上野 那如果是三四岁的小孩子，对母亲说"妈妈，爸爸××宝宝尿尿的地方"，然后哇哇大哭呢？他也不在乎吗？

信田 小孩子三岁就明白禁止事项了。

上野 是的，三岁就明白了，言行两方面都明白。

信田 我觉得那是一种发生在二人之间的、无法语言化的、类似密约的东西。如果明言"不能告诉别人"，那就相当于明示孩子：爸爸在做不能说的坏事。父亲一旦提出禁止，罪行就板上钉钉了。

上野 "这个家就散了"这种话，难道不是威胁吗？所以他要强行制造共犯关系。

信田 这个例子很明晰。在日本，我听过许多受害者的倾诉，发现她们的父亲连那种话都不说。她们反倒一直怀着未能变为话语的痛苦。

上野 连本人都不明白痛苦的真相吗？

信田 不明白。

无关性欲

信田　有这么一个案例，一个十六七岁的女性，在母亲的葬礼上开口道："爸爸真是的，对我做些奇怪的事，好烦哦。"那个瞬间，在场所有亲戚目瞪口呆。在那一刻，她才意识到父亲的行为不对劲，而在此之前，她将其当成了日常生活的延长。

上野　等等。既然是密约，就算不明确地化为语言，受害者一方还是会有禁忌意识的吧。

信田　她的体验是既跳脱于社会常识之外，又不属于禁忌行为的、虚浮不定的东西。

上野　那么她在葬礼上说出那句话，感觉上跟"爸爸真是的，竟然当着那么多人的面挖鼻屎"是一样的咯？

信田　她的感觉恐怕就是这样的。

上野　那不就是没有禁忌意识吗？

信田　虚浮不定并非有无禁忌意识的二者择一，而是一种两头不靠的奇怪行为。

上野　世上不是有很多有怪癖的人吗？比如"爸爸真是的，每天回家都要先绕房子转一圈"。

信田　而那种怪癖又染上了性的色彩。

上野　听你说了葬礼的故事，我感到大吃一惊。她说那句话的感觉，真的是"爸爸有这样的怪癖"这种吗？

信田　我也不太清楚。她此前从未对别人说过，也许是不经意间说漏了嘴。葬礼是一种非日常的场合，很可能有所影响。

上野　她之前都没说过啊。

信田　当然。事情是这样的，在她很小的时候，父亲就常常钻进她的被窝去摸她。虽然没有性行为，但是会抚摸。据说还对她妹妹做过同样的事情。

上野　而她从来没对别人说过？她觉得那是一家人的习惯，跟"我们家早上都会蹭鼻子打招呼"一样？

信田　对，一种性的习惯。

上野　没有禁忌意识？

信田　想必是没有的。但她还是有种不同寻常的感觉，认为"我爸爸会做一些很奇怪的事情"。

上野　早上起来互相蹭鼻子也是奇怪的事情啊，肯定会觉得不寻常嘛。

信田　但蹭鼻子并没有性的因素在里面。

上野　所以我才想知道，她是将自己的遭遇等同于蹭鼻子了，还是与之有区分？她是否至少怀有这种事不能对人说的禁忌意识？

信田　因为有性的因素，那种意识应该是有的。

上野 就算没有明确地化为语言，她还是意识到那是一种密约，是不可为外人道的事情？

信田 是的。我不清楚那个父亲当时是怎么应付过来的。总之，那个女孩现在还活着，正在接受各种心理辅导。有一天，她对父亲说："爸爸，你不是做过那种事吗？"结果她父亲瞬间爆发了，反驳道："我是你爸爸！""我不记得有过那种事。"

上野 啊，吓我一跳。我还以为"我是你爸爸"后面是"我做什么都行"呢。

信田 不对不对，他没有说到那个地步。

上野 如果他真的这么说了，那就是教科书式的父权制。

信田 他说"不记得"，其实是自觉性和当事者性的缺失。在我们看来，那是性伤害，而在他的意识中，那可能跟疼爱猫狗差不多。

上野 像你说的这种案例，针对女儿的性伤害集中在幼儿期，到了第二性征发育期，也就是开始懂事的时候，那种接触就会停止，对吧？

信田 大部分是这样。但有的案例也会持续到初中阶段。甚至有的发展到了可能导致妊娠的程度。

上野 你刚才说加害者没有当事者意识，但是女儿第二性征发育期的性伤害数量减少，至少能证明加害者知道自己的接触是性接触吧。

信田 他们能意识到那是性接触，但意识不到那是伤害。换言之，就是欠缺伤害的当事者性。

上野 他们知道那是性接触。那么，其实女儿也能感受到，对吧？

信田　嗯……是的。

上野　他们的性接触没有外化为出轨和结交情人，而是指向了女儿。对此，清水千波的解释非常简明易懂：因为女儿不抵抗，不说"No"，是自己的所有物。

信田　我觉得应该不能一概断言吧，很难说他们是否将两者当成了对等的选项。

上野　因为他们没有权力和金钱去换取女人，所以才盯上了最方便、最简单、最近水楼台的女儿，难道不是吗？

信田　我一直觉得这种看法不太对。也许不是那样的。性伤害有时无关性欲。

上野　对呀，强奸有时也无关性欲。

信田　那不像上野女士在《发情装置》（筑摩书房，1998 年）中提到的，"积久则出"的奇怪的男性神话……

上野　原来如此，我明白了。

"积久则出"的神话

上野　最近在性行为的研究中，针对自慰行为的解释也出现了范式的转换。明治以后大约一个世纪间，自慰一直都被认为是"性行为的平替"。现在则有人提出,事实并非如此。自慰是与性行为完全不同的东西,二者不能相互替代。

而且经验研究的数据表明,有对象的人自慰次数明显更多。性行为次数越多,自慰次数就越多。简而言之,性潜力越高的人,在各种方面的潜力都更高。不过真正说出来后,这又成了理所当然的事情。

信田 质量守恒定律被打破了呢。

上野 没错。这个研究明确证明了,"性欲质量守恒,积久则出"只是一则神话。

信田 深受其害的却是男性自身。

上野 并非深受其害,是被他们当作借口。你看妮基·桑法勒(法国女性雕塑家)的案例,她的父亲就是贵族银行家。所以就算有钱有地位,而且外面有女人,对女儿的性接触也是全然不同的东西。

妮基是个著名的艺术家,以其作品色彩丰富而奔放著称。但是在她的创作初期,作品却体现了对男人的憎恨,有一种赤裸裸的神经质色彩。她七十多岁写了一部自传,首次坦白了自己曾遭受性伤害一事。为了说出这件事,她酝酿了半个多世纪。

上野 假设妻子是所有物,那么女儿就是超过妻子的、更完全地属于自己的、终极的异性。

信田 嗯,他们还会对儿子这么做。换言之,这种行为事关从属(belong),是占有的关系。我觉得他们的心理最后都归结于此。因为是"对所有物"做出的行为,大多数时候,他们都是缺乏自觉的。

上野　原来如此。因为他们是占有者、支配者，所以不会产生当事者性。

支配的烙印

上野　在现代性范式中，最能象征占有与支配行为的就是性行为，所以殴打与性行为二者间只存在支配符号性的不同。正因如此，男性在与女方发生性行为后，才会说"你是属于我的"。

信田　太令人难以置信了。他们为什么会产生"你属于我"的想法呢？真的很蠢。

上野　因为女人在性爱后，也会说："你要一辈子对我负责。"

信田　而最熟知这一点的，还是男人。

上野　那当然了，因为这个逻辑最符合他们的利益。

信田　也就是留下占有的痕迹吧。我非常讨厌"疼爱"这个词。还有"宠溺"。这些都是留下占有痕迹的行为。

上野　没错。我父亲就是那种人。

信田　我猜到上野女士一定会这么说，所以才提出来的。

上野　性接触实质就是支配的烙印。我们这一代的男人，也就是团块世代的男人比上一代的父亲更频繁参与育儿，但他们也是少子化的先驱世代。那一代人追求只要两个孩子。我曾经听过好几个同辈男性说:"我绝对不会放过夺走她的家伙。"每次一想到这种话,我就感到毛骨悚然。

男人不懂爱

信田　男人除了占有,真的不懂别的爱吗?

上野　我认为是的。不过,他们觉得那就是爱,还公开宣言呢。

信田　我真想把那种言论拍回去。"你们别想占有!"

上野　可是话说回来,难道女人就懂得占有以外的爱吗?

信田　明知道不可能却试图占有,这跟坚信自己能占有是不同的。

上野　女人即使不能占有男人,也能占有孩子。所以她们才会把矛头对准孩子。因为孩子能占有啊!

信田　她们觉得能占有吧。所以母亲对孩子的占有和父亲对孩子的占有是一样的,只不过,有些父亲是用"另外"的方式来完成占有的。

上野　原来如此。那么,性行为果然被视作人际交流中较为特殊的行为。事实上,它连交流都不算。

信田　没错。那是单方向的行为。

上野　他肯定是在装傻。

信田 我也希望是这样。如果真的是装傻，有的人会瞬间流露出"我在撒谎"的感觉，有的人则给人好像真的没印象的感觉。其实加害者很容易忘却自己的加害行为，这种案例还真不少。

这恐怕是因为，他们在做加害行为时完全是无自觉的。比如我吃葡萄，如果知道那是别人的葡萄，就会想"这个不能吃"，所以能记住；如果什么都没想就吃了，那就相当于什么都不记得。

上野 很多时候都是"啊，我以为这是我自己的"。比如，竹田青嗣就说，家庭是"自我的一部分"。

信田 没错没错，自我的延伸。

将占有误认为爱的女人

上野 说到社会性别的弊病，若体现在男人身上，是除了占有不懂爱；体现在女人身上，就是把占有误认为爱。这些都是文化洗脑的结果。

在一些家暴泛滥的国家，女性互相之间却无法产生共鸣。尤其在经济底层的女性之间，最常见的台词是："我老公都不对我动手，是不是不爱我呀？"因为她们脑子里已经被编入了程序，认为占有就是爱的证明。

现在的日本年轻女性也会自我捆绑、自我束缚……举个例子，如果男友或丈夫不仔细追问她们的行踪，不干涉她们去哪里跟谁做什么，她们就会说："这个人是不是不关心我？"这些女性同样被编入了程序，误以为被捆绑、被占有、被束缚才是爱的证明。

信田　嗯。岸田秀翻译的《受虐狂的发明》（约翰·K.诺伊斯，岸田秀、加藤健司译，青土社，2002年）就说，受虐是一种游戏，是现代资本主义社会的文化强加给人们的关系悖论。换言之，上野女士所说的被捆绑、被束缚就是爱的证明，正是文化的支配型言论带来的悖论。

上野　你这个解释非常清楚。

信田　看完这本书，我就恍然大悟了。男人就是利用了这一点，通过被捆绑和被殴打获取快感呢。

上野　那跟变装皇后（Drag Queen，扮女装的男同性恋者）是一样的。悖论一旦过剩，就会这样。

"花街老鸨"与"隐忍之妻"

信田　不过男人真的很占便宜，还能让小三照顾老人。

上野　似乎有这种事情。

信田　他们不让正妻做。于是正妻也会说："幸亏老公有小三。"

上野　你是说石坂浩二[1]的离婚闹剧吧。那到底是怎么回事啊？

信田　难以置信。太愚蠢了。

上野　我们早就知道男的蠢且不加掩饰，这就不说了。只不过，那个年轻的女方……

信田　还倒贴得很开心。

上野　当一个人说出"我选她是看她愿意照顾我家老人"这种话，对方为什么不觉得"这是侮辱"呢？太过分了吧。还有"我不能让浅丘琉璃子[2]照顾老人"，这算什么话啊。

信田　"这女人是我的，她能给我生个健康的孩子。"有些人似乎是带着这个想法结婚的。最近我越发感慨，男性似乎并没有把女性当成人类。

上野　啊？最近吗？那你之前都觉得自己被他们当成人了？

信田　佐野真一不是写了一本某政客的传记吗？里面提到了小樽的花街。那是一条坡道上的街，越往高处走，经济阶层就越高。看到书里这个描述，我觉得很不舒服，觉得女人只被当成了女人，并没有划入人类的范围内。那种感觉真的太明显了。里面的女人要么是"老鸨"，要么是"隐忍之妻"。

上野　纵观历史，这一点非常明显。不过话说回来，信田女士最近看

---

[1]　日本著名男演员，主演过《阿娴》等。（编者注）
[2]　日本男演员石坂浩二的前妻。（译者注）

了这本传记，又看了竹田青嗣的恶心对谈，怎么全是臭男人的书啊！

信田 真的是巧合。

上野 我还以为你在研究男人有多恶心呢。（笑）

好吧，总之，女人并没有被算在人类里面。

信田 在此之前，我也许靠嗅觉分辨出了把女人当人看的男人，并只跟他们来往。或者说，我有可能把自己置身于名誉男人[1]的最末端，故意不去发现这个事实。

上野 但是出现在你面前的女人不这样。

信田 女人？

上野 就是客户啊。信田女士就算巧妙地避开了恶心的男人，但还是无法避开出现在自己面前的女人啊。

信田 对此，我已经怒从心头起了。

上野 听你刚才的话，你好像认为自己不是这样的，客户跟我不是一类人。

信田 作为理论是可以这样归结，但其实不是的。事情并不能简单地区分开来。最近我发现，哪怕乍一看不像那种人的男性，其话语中也会出现不把女人当作人类的部分。来找我做咨询的女性，她们的丈夫都是无可救药的人，我以前一直认为他们只是一小部分奇怪的男人，看来事实并非如此。

---

1 "名誉教授"式自嘲。（译者注）

上野 看文学作品就知道了。比如吉行淳之介,他就很可怕。我在青春期被迫读了好多他的作品。为了报仇雪恨,我后来就搞了《男流文学论》[1](上野千鹤子、富冈多惠子、小仓千加子,筑摩书房,1992年)。

信田 唉,真讨厌。太可怕了。

---

1 日本将女性作家单独称为"女流作家",上野千鹤子在这里反其道而行之,称男性作家"男流文学"。(译者注)

第五章

难道只有去势，才能断绝暴力？

日语中没有译语的DV

信田 我可以说说我对媒体处理DV（Domestic Violence）事件报道的愤怒吗？

上野 好的，请说。

信田 首先，我举两个DV事件的案例。第一个案例是横滨事件（2002年）。妻子无法忍受丈夫的DV，带着孩子逃回娘家。丈夫追到妻子娘家，杀害了妻子的父母和孩子，并将妻子带回。

第二个案例是群马事件（2002年），儿童援助中心保护了遭受父亲暴力的孩子，并从孩子口中得知母亲也是DV受害者，于是将母子一同保护。丈夫见妻子被人带走，于是怀恨在心，要搞一件大事，就绑架并杀害了一名高中女生。

两个案例都是妻子逃离DV，丈夫为夺回妻子而大开杀戒。可是报纸就是不明确地说受害者遭受的是丈夫对妻子的DV。

上野 真的没说吗？

信田 全都说成了"家庭内暴力"和"虐待"。

上野 我记得日本报社是将"DV"判定为不正规写法的。他们还有专门的用语集，比如把"DV"替换成"家庭内暴力"或者"虐待"。

信田　我认为用"家庭内暴力"或"虐待"表述来自丈夫的暴力，这种行为本身就很有问题。因为"家庭内暴力"这个词刚刚出现时，单纯用于表述青春期未成年人对父母施展暴力。

上野　也不能说成"丈夫的暴力"吗？

信田　不行。一旦说出"丈夫的暴力"，读者可能会将"父母虐待孩子"和"丈夫虐待妻子"等同起来。我的看法是，父母对孩子的暴力、孩子对父母的暴力、丈夫和亲密男性对女性的暴力，三者必须明确区分开来。

上野　问题在于措辞还是叙述的方法？

信田　两者都有。我是这样想的：用虐待或家庭内暴力来表述男人殴打妻子的行为，会令他的加害者性褪色。

上野　我不算是普通读者，因此我的感觉不具代表性。不过，报纸上明确写出了男性的暴力迫使妻子和孩子逃离。这应该不存在误解的余地吧。

信田　可是，将其阐述为"Domestic Violence"，是具有明确意义的。

上野　可是站在语言的角度看，直接使用英语缩写，实在是日语的悲哀。这种只能用片假名表记英语发音的现实，真的太让人唏嘘了。为什么就不能用适当的日语词来表述呢？

信田　正因为没有适当的词汇，它才会被现成的"家庭内暴力"和"虐待"等词汇收编。为何一直没有人用日语词来替换它呢？

上野　这是研究者的怠慢。

信田　真希望研究者能造一个词出来。

上野　日本 DV 防范法的正式名称是《防范配偶者暴力及保护受害者相关法律》，俗称《DV 防范法》。

　　报社都有内部用语集，直到最近，"Sekuhara"才终于登上那本集子。在此之前，它的表述并不统一，有的写作"性骚扰"，有的写作"恶作剧"，后来才成了"Sexual Harassment"，缩写为"Sekuhara"。

信田　看来女性法律专家必须要创造一个专门用于表述男性，也就是丈夫对妻子暴力的词语。

上野　研究者一直以来都把 DV 翻译成"来自丈夫或恋人的暴力"。这是目前日本流通的唯一译语，还一直把"恋人"也算在里面。而《DV 防范法》的正式名称甚至只写了"配偶者"。女性主义者对此进行了批判，认为法律只考虑了已婚人士。其实不能漏掉"来自恋人"。

信田　那是当然。

公共介入是否可能

上野　刚才你说的两个案例，都属于典型的"和解杀人"。男人为了追回逃走的女人，为了与之和解而杀人。这种行为不仅限于夫妻之间，事实婚姻、同居、恋人也一样。说白了就是绝不放过那个逃走的女人。与其让她跑了，不如干脆将其杀害。

和解杀人是异性间凶杀案中最常见的类型。而且几乎全是男杀女，很少有反过来的案例。

信田 虽然几乎全是男杀女，但它并没有被定义为男性杀人。

上野 还有"出轨"这个词也一样。用语本身已经被赋予了社会性别，"男性"成了默认设定。因为女性加入出轨市场还是一个新的社会现象。

说到和解杀人，女性发起的和解杀人几乎无可想象。虽然不能断言完全为零，但就是不太可能。女性杀人多数因为三角关系等痴情纠缠，她们不会杀离自己而去的男性，反倒去杀勾引了男人的女性。

由此可见，男、女两性是非对称的。我认为，"和解杀人"一直是个社会性别非对称的用语。那么，你刚才说的两个案例，跟别的有什么不同之处吗？

信田 女方父母和孩子被男方杀害的横滨事件中，有女性中心的参与。群马事件则有儿童援助中心参与。两起案子明明都有公共介入，对受害者的保护却没有上升到可靠的程度。就算达到了一定程度，这种时候考虑到和解杀人的可能性，我认为还需要有法律的参与，限制加害者的行动。

上野 "公共介入"是信田女士一直在提倡的行动吧。那么，究竟要根据什么法律进行介入呢？你刚才说的应该是预防性约束的法理吧。

信田 我的意思是，不要去强行约束，可以巧妙利用丈夫想见妻子的欲求。如果丈夫问："你凭什么把我和老婆孩子隔离开？"我们可以说："你很想见夫人，是吗？"然后，提出在一定条件的基础上让他见到妻子。比如"必须有第三方介入，不允许你与老婆孩子单独见面"。又如："我们这边问到，夫人之所以逃出来是为了躲避来自你，也就是她丈夫的暴力。请问对这种暴力，你有什么想法？"然后设定一个期限，再如："三个月之后，可以提供一个机会，在第三方介入的情况下，让你与夫人见面。"使 DV 的加害者有一个改过自新的程序。

上野 目前，除了精神病人强制入院的制度，一切社会援助都必须在当事者自主申告的基础上展开。

信田 但是 DV 的问题在于，能否等到当事者自主申告。

上野 在保护受害者这方面，当受害者遭受了旁人难以相信的虐待，却不对任何人自主申告时，你认为第三方应该被赋予介入的权力，告知她"你受到了极不合理的对待，应该将其认定为伤害，并马上离开这里"吗？

信田 这应该是做不到的。

上野 对吧。所以保护受害者的前提是要有自主申告。加害者改过自新的程序，也需要有加害者的自主申告吧。

信田 但是加害者并不具备当事者性，所以不会自主申告。

上野 为了见到妻子，自然需要本人提出"我想见妻子"。第三方并不会专程找上门去，对他说"你是不是很想见夫人"。

信田　当公共机构介入后，丈夫理所当然地会去投诉妻子寻求帮助的机构。丈夫不希望妻子和孩子逃离。这种时候，难道不是他第一次以"当事者"身份出面的机会吗？若不趁此机会导入加害者改过自新的程序，今后类似的事件恐怕会不断增多。

上野　还有一种做法，就是在保护受害者的那一刻采取刑事介入。换言之，就是以伤害罪的嫌疑进行刑事告发。若不这样，实施暴力行为的人就会一直流窜于社会，导致后续不得不一直介入。

信田　但那只是初期介入吧。可是话说回来，为什么在面对DV问题时，没有人这样做呢？

上野　因为加害者没有社会危害性吧。

信田　因为暴力只发生在家庭内部吗？可是从一连串的事件可以看出，即使妻子向公共机构求助，大部分机构也没有利用刑事告发对加害者进行教育的手段。

上野　正是如此。信田女士所说的话，从法理层面来讲，就是"管控"或"援助"的区别。两者有着根本性的不同。若是援助，则必须有自主申告。若是管控，那么就算没有自主申告，第三方也能做出判断。

信田　但是在援助不具备当事者性的人时，管控和援助都派不上用场。对于绝对不会出现在援助范围内的人，公共机构始终是束手无策的。

上野　话虽如此，也不能给那些人脖子上套绳子拽到援助范围内。其实从法理上说，有这样的说法："不能让这种危险分子流窜于社会，即便他只是碰巧对某些特定的人施展暴力，但这在社会上依旧属于犯罪行为，属于管控的对象。"

管控还是援助？

上野　是对加害者进行"管控"，还是对加害者实施"援助"，两者是截然不同的。

信田　我认为都一样。

上野　"援助"等于"管控"，这也许是心理咨询业者特殊的想法。

信田　我觉得，援助就是巧妙利用管控。有时候只有通过管控，才能实现对加害者的援助。

上野　我首先有一个疑问："二者真的一样吗？"第二个疑问是："这真的是可行并有效的加害者援助方法吗？"你对第二个问题怎么想？

信田　我希望是有效的。

上野　临床效果经过验证了吗？

信田　只是我的个人经验。

上野　你不觉得美国走的是"否定"的方向吗？

信田　那倒不至于。说个题外话,这跟药物成瘾患者的治疗是相似的。美国设有专门的毒品法庭(Drug Courts)。当犯罪者对违禁药物成瘾,法庭会判处其接受治疗,而非接受刑事惩罚。我认为,DV的加害者也需要同样的措施。

上野　你是说强制性治疗吧。那真的有效果吗?

信田　在美国和加拿大,人们尝试了各种各样的方法,但到目前为止,似乎还不存在一定有效的程序。反观日本,最近似乎要汲取DV援助发达国家的经验,展开各种尝试了。

上野　我对此很感兴趣。不知那些男人会如何改变呢?

直白的男性支配象征

上野　和解杀人并非新出现的现象,而是早已有之。甚至可以说,这是一种极为老生常谈的、随处可见的犯罪。但是,这一现象近来增添了两种新的要素。一是尽管有公共机构一定形式的介入,还是不能完全防止犯罪;二是在媒体报道和解杀人时,曾经只会提及"逃走",近来改为"行凶者对因暴力逃离的妻子或恋人穷追不舍"。换言之,就是报道的措辞中明确了女性逃离的原因在于男方的事实。

信田　原来如此。我只顾着愤慨媒体竟然不明言DV,简直欺人太甚。

因为我觉得，光说"丈夫的暴力"并不够。

上野　因为你比较激进，媒体未能追上你的脚步。"丈夫的暴力"会激怒你。同样，"性骚扰""恶作剧"也会激怒女性主义者，因为她们认为这些措辞弱化了"Sexual Harassment"（性骚扰）的严重性，并一直在提出抗议。所以我可以理解你的担忧。"丈夫的暴力"也许力度不足，容易给读者造成这种印象——"至于因为丈夫的一点暴力就逃出来吗？"

但是那些报道也明确了受害者逃走的理由。曾经对和解杀人的报道中，还出现过受害者另觅新欢与之私奔的描述。

信田　此前的媒体做法实在过分啊。

上野　是很过分。和解杀人真的是一种历史悠久的犯罪，而且是异性凶杀中最常见的模式。

信田　过去不是还有这样的歌词吗——"我并不留恋逃走的老婆"。

上野　胡说八道，简直太留恋了。信田女士说过一句至理名言："为什么丈夫要殴打深爱的妻子？既然爱就要打，那不如不爱。因为是自己的妻子，他才要打。换作别人的妻子，他才不会动手。"

这句话就是和解杀人的内涵。针对逃走的女人，终极的占有方式就是杀害。这是非常直白的男性支配象征。

信田　我深感赞同。

"绅士的男人"与
"绅士的军队"是相同的悖论

上野 对 DV 的分析越是深入,就越会得出这样的结论:在一般性的"男子气概"和"爱"的概念中,都包含着支配与占有的观念,"打老婆的男人和不打老婆的男人中间不存在隔断,也没有差异"。

那么,难道只有给所有男人去势,才能彻底防范 DV 吗?这就像阻止拥有军事力量的美国使用武器一样,是绝不可能实现的事情。"绅士的男人"与"绅士的军队"是相同的悖论。那是因为男性的性别属性本身就植入了支配与占有吗?

信田 事实正是如此,但是仅凭你这个解释,好像忽略了其中一些复杂纠结的存在。

上野 那就请你举出案例,做一做复杂而纠结的解析吧。(笑)

信田 有的男人在结婚时会对自己下一道"绝对不打老婆"的禁令,有的男人虽然不会打老婆,但是会对其施加语言暴力和性爱方面的强制。

上野 信田女士选编的《致日本最丑陋的父母的一封信》(Create Media,Media Works,1997 年)中,有一句话让我至今难忘:"爸爸，我男朋友一次都没对我抬过手。"

信田 "抬手"这个替用词让我特别感慨，这些男的都不直说"殴打"呢。其实"抬手"这个词，是加害者的用语。

上野 对啊。按照常识理解，既然手抬了，肯定是要落下来的。可他们不说"没有下过手"，而说"没有抬过手"，真是一种绝妙的委婉呢。

信田 我最近发现，暴力一直以这种委婉的方式被讲述，让人不得不感叹其机制之巧妙。

上野 那是当然，比如把"买春"说成"卖春"。

信田 都是一样的呢。

上野 还有把"Sexual Harassment"说成"骚扰"或"恶作剧"。尤其是"恶作剧"，简直太恶劣了。

信田 "痴汉"根本不"痴"。

上野 那是"性犯罪"。

从刚才的话中可以很容易地看出，社会学者普遍存在关注宏观的倾向。他们往往会遇到一个"瓶颈"——在女性中，一旦对女性性的矛盾感成为定式，它一方面会具有充分的说服力，另一方面又不再能解释单独的案例。不同的人生活在同样的环境中，有的会罹患进食障碍，有的却不会。通过对其差异的叙述，就会凸显出个体的存在。

信田 许多心理学和精神医学的研究，就只局限于这个方面。为什么这个人会打人？为什么那个人不打人？打人无关成长经历，而是因为不懂得控制冲动或者心理不够成熟。像刚才上野女士说的"打人的男人和不打人的男人，中间不存在隔断""是不是只有去势才能杜绝暴力"，这类视点就完全不存在。

上野 这就是试图将一切原因归结于个体的个体完结主义。可以说，这是心理学者的陋习。而个体归结的最极端学说，就是器质性障碍说。还有就是靠药物控制。

信田 当我们把男人区分为打人的男人和不打人的男人，那么最强势的，还是打人的男人。因为打人一直以来都是男子气概的象征，而不打人的男人，始终是沉默的。

上野 至少打人的男人在历史上一直被接纳，没有成为被非难的对象。

信田 甚至流行这种说法："不会动手的男人太天真。""老婆嘛，打一顿就老实了。"

上野 还有"连老婆都管教不了，算什么男人"。

信田 野村教练也因为沙知代被人说过："连老婆都管不好，能管好一个球队？"

上野 看来男性独当一面的条件，就是将一个女人当作自己的绝对所有物，令其处在自己的支配之下。

信田 有没有人说"连个男人都驯服不了，算什么女人"？

上野 换成女人，人们会说："连个男人都找不到，你没有身为女人的价值。"顺带一提，不打人的男人会说："一个大男人竟然打女人。"

这句话的意思是，站在绝对优势立场上的人不需要使用暴力这种下等的支配手段。这种人可以算是旧式定义中的"女性主义者"，但他们的想法仅仅局限于，只要男人拥有绝对的优势，就无须使用暴力这种野蛮的手段。

男人的根基被动摇

信田　暴力是一种关系性。DV的问题也无关被殴打的疼痛，而是被殴打的瞬间，妻子与丈夫的关系。

上野　我认为是这样的。那一刻，女性对男性攻击性的恐惧会成为日后的心理阴影。譬如在战争中失去下肢或者身受枪伤，这些疼痛都不会长久残留在记忆中。尽管人们总会说"旧伤隐隐作痛"。就算是拷问，最后留在记忆中的也不是肉体上的疼痛，而是对当时那种恐惧的心理创伤。

信田　记忆中残留的都是恐惧以及对对方突然变脸的惊愕。

上野　这下谜题解开了。东京都的DV调查中，把DV分成了"精神暴力""语言暴力"和"身体暴力"三个种类，并设问：你认为这三种哪些是"绝对不能容忍"，哪些是"可以酌情容忍"？最让我惊奇的是，相比殴打、脚踹这些选项，更多女性在"绝对不能容忍"的项目下选择了"破坏妻子珍爱的东西"。很多回答表示,这种行为比殴打更过分。当时我想当然地认为:"这些人觉得东西比身体更重要吗?"

信田 啊,原来如此。但实际并不是那个意思吧。

上野 因为加害者男性很狡猾。他们比谁都清楚妻子最珍视的是什么,知道做什么事情最能侮辱妻子、最具有攻击性,所以他们会故意破坏那些东西,比如妻子亲生母亲的遗物。比起身体上的痛楚,这种损失更能直击灵魂。

信田 还有一些研究认为DV是"健康问题"。这在助产士和保健师的杂志上可以看到。这么说其实有道理,因为骨头会被打折,鼻梁会被打歪,耳膜会被打穿。可是就因为这样,便把它归结为健康问题吗?我总觉得有点不对劲。如果单论目前的身体记忆,身体的恢复力是很强的,疼痛也是会忘却的。

上野 没错没错,所以人才能活下去。

信田 DV其实是当时的状况和双方的关系性造成的心理创伤。

上野 假设心理学是心理还原主义,那么将DV定义为健康问题的医疗界人士就是劣性的身体还原主义。在那些人眼中,只要身体不残留痕迹,暴力就不存在。

信田 有一种烂大街的说法是"女人也会打男人"。按照你说的理论,只要男人身体留下了创伤,就算是暴力吧。可是女人就算打男人,也不会给男人带来任何恐惧。他们只会觉得:"宠物咬我了,宠物在闹着玩儿呢。""哎哟，还挺倔，想造反吗？"他们内心不会产生恐惧和惊愕。这是不对称的。

上野 男性感到的恐惧，是女方逃离的恐惧。他们最害怕本应由自己支配的东西突然有了自我。

信田 没错。他们害怕的是支配权受到威胁。换言之，男人因为害怕，才对女人施加暴力。他们害怕什么？其实要到很后面的阶段，他们才会产生女方逃走的恐惧。普遍来说，DV的受害者都是比丈夫能说会道的人。她们会戳破丈夫脆弱的逻辑，指出其不合理之处，并因此激发丈夫的暴力。如果按照上野女士的说法，"权力是对状况的定义权"，那么男人害怕的，可能正是他们作为状况定义者的根基被动摇。

上野 原来如此。因为他们脆弱的男性自我认知被摇撼了。

信田 与其说是脆弱的男性自我认知，不如说是男人向来坚信"我就是王法""我就是正义"，他们希望得到的回应是"对，你说得都对"。所以在女人说出"你这样说有问题啊""我可不这么认为"时，他们就会爆发……啊，这么说来，他们的确很脆弱。

上野 所以说，那是他们认为自己的支配权受到了威胁。

信田 最恶劣的男人并不认为那是支配。他觉得那是自然之理。

上野 但是换成人话，那就是支配。

信田 不不不，他们并不这么想，而且按照他们的逻辑，"妻子跟自我的身份认同相重叠"呀。

上野　竹田青嗣这句话，说白了就是想表达妻子是自己的领土嘛。"你的肉体是我的领土。""不只是肉体，还包括精神。"他就是想说这个呗。

信田　在我们看来，那是支配。但是在他看来，那是恩宠。男人在被妻子忤逆时，会感到特别受伤。妻子没有给出他所期待的反应，没有做出他所期待的行动，所以他深受伤害，并且在意识到自己深受伤害之前，就已经动手了。

上野　按照当事人的说法，丈夫很可能认为自己才是受害者？

信田　正是如此。男人都觉得自己才是受害者。

上野　啊，是吗？他们会说"我是受害者"吗？

信田　会说。虽然不会用"受害者"这个词，但他们会说"原因在妻子"。

上野　在说出那句话的瞬间，等于承认了妻子高于自己。这不会有损男人的尊严吗？

信田　认为自己是受害者并不等于承认妻子高于自己。他们通过将责任转嫁给妻子的方式，正当化了自己的行为。因为很多男人会说："我都是为了妻子才经营着家庭。"他们可狡猾了。基本不会有男人傻乎乎地直说"老婆不遵从我的支配"。

上野　没有人会头脑单纯地说"都怪她不听话"吗？

信田　那种人当然不是绝对不存在，但是我从来没碰到过。大约三分之一的男性会弱化自己的暴力行为，另外三分之二要么不记得，要么否定。他们是不是故意的，我就无从知晓了。

上野　选择性遗忘是吧。比如说："其实就是点小事，我老婆太夸张了。"

信田　没错。"我辛辛苦苦支撑这个家，她却……"

上野　这些在我看来，都是赤裸裸的脆弱的男性性。

主张暴力正当化的男性

信田　不过有的人开始把"脆弱的男性性"当成自己的卖点，主动宣传了。因为给他做咨询的我是女性。

上野　他在博取你的同情吗？

信田　应该说，他在向我展示自己并非强硬的大男子主义。他会暗示自己是"脆弱的男人""深受妻子的伤害""是妻子太任性了"。换言之，就是主张自己的无辜和正当性。

上野　主张暴力的正当性是吧？

信田　对的。他们认为这个问题重点不在手段，而在动机。说到动机，那就得怪她了。

上野　其实这也意味着发生了一个阶段性的改变。它不再是打老婆天经地义的绝对的暴力，而成了必须加以正当化的行为。但不会有人说

"无论理由是什么,动手都不好"吗?

信田 不会说。会有那种想法的人,都不用来参加心理咨询。若那些人有"我犯错了,正在遭到惩罚"的自觉,就不需要心理咨询了。我不能主动转换"司法介入"与"援助"。因为他不是来接受惩罚的,而是来主张自己的正当性。一开始,我必须肯定对方,比如说"我明白了。但是你这样会不会有点任性呢?"

上野 要表示同情。

信田 那当然了。一开始只能这样,没有办法。

上野 专门找信田女士做心理咨询的男人,恐怕都是知识分子型吧。

信田 他们已经从妻子的控诉中了解了我们的方式,所以会说:"今天我来,就是为了告诉你自己为何不得不诉诸暴力。我要让你知道,在事态发展成这样之前,我遭受了多少语言的追逼。老实说,光靠说话,我是说不过老婆的。"他们的说法差不多是这样的:"我啊,正如你所见,只会慢条斯理地说话。我啊,刚数到三的时候,老婆就能数到十了。你说,这叫我怎么敌得过她呢?她还会对我穷追不舍呢。我心里知道这样不好,但有时还是忍不住要动手。"

上野 原来他们会说这样不好啊。

信田 会说。那成了他们的通行证。只要手握这张通行证,他们就所向无敌。

上野 我一直认为利器和暴力都是语言障碍者的武器。

信田 所以,在他们承认自己属于某种语言障碍者的时候,会发生惊人的事情。他们会将之扩展为暴力乃是"迫不得已"的逻辑。

上野 他们主动承认自己是语言障碍者吗？

信田 只在一瞬间。如果我说："那您是语言障碍者吗？"他们会回答："嗯，差不多。"

上野 你会说这么一针见血的话啊。

信田 我会说哦。

上野 你不说"何不试试锻炼一下自己的沟通能力"这种话吗？

信田 也会说。但即使我建议他"锻炼一下"，要不要锻炼也是他自己的问题，而且往往要花很长时间才会做出锻炼的决心，并不会马上就发展到"既然如此，我们先来锻炼一下如何表达愤怒吧"。

能言善辩的男人也会动手的谜团

上野 听了你的话，我联想到很多。为了防止语言障碍者诉诸凶器和暴力，我们一直以来都用简单的"不如锻炼一下沟通能力"来解决问题。但是在此之前，必须给他们制造动机，让他们认为必须掌握沟通能力。否则，没有一个人会主动去学那种东西。

信田 那是当然。

上野 若问那个前提是什么，就是让他必须去沟通的对象，或者说使他认为沟通有价值的对象。进一步讲，让一个人掌握语言沟通的能力，关键在于能否让他认为对方说的话是自己"应该听的话"。说个理所当然的事实，只有听对方的话，并用话语回答，沟通才算成立。若欠缺了对方是能与自己沟通的"对等的他者"，即便不是，也处在这种关系中的认知，一个人就不可能产生掌握沟通能力的动力。

几乎在所有案例中，男方的说辞都是："我被妻子说得哑口无言。"而女方的说法则是："我说什么他都听不进去。"我认为男性的确不会把女性的话语识别为信息。参考斋藤学的说法，就是"I am not heard.""I insist, I speak out, but I am not heard."（我明明对你说了，你却听不见。）

假设一对夫妻在吵架，妻子对丈夫倾诉了自己的不满，丈夫则满脸忧愁地听着，等待暴风雨过去。他听见了妻子的声音，但没有去识别妻子的话语。

妻子说啊说啊，最后因愤怒而筋疲力尽，不再说话。等到暴风雨过去了，满脸忧愁的丈夫就会说："去吃点好吃的吧。"就这样，夫妻俩相处了不知多少年。有的女性会忍无可忍，提出离婚。说白了，二者之间连吵架这种沟通方式都从未成立过。

信田 再举一个例子，夫妻俩互相倾诉了三小时。一方在拼命诉说："我是这样想的。"另一方则回答："但我是这样想的。""嗯，是啊。"就这么没完没了地重复，最后一方动了手。对此，你怎么想？

上野 如果说沟通并非单纯的独白，而是对话，而对话是一种交涉的技术，那么你说的案例中，就不存在交涉。它只是独白的不断堆叠。

信田 要说暴力，好像也能分成不能区分自身与他者而导致的暴力。

上野 你的意思是……难以避免的暴力吗？

信田 不对不对。我的意思是，有人认为"我们经常互相倾诉"，但是在永无止境的互相倾诉中渐渐陷入僵局，最后到达沸点，进而转化为暴力。他们其实也有很多诉诸暴力的理由。但是在我看来，他们到最后为何会突然动手，始终是个谜团。

上野 听了你的话，我是这样想的：在逐渐陷入僵局的过程中，他们的攻击性也逐渐膨胀。女方会用上自己掌握的一切语言手段，最后击中对方的弱点。

信田 我有一个猜想，关系到"自我身份认同的重叠"。我猜，诱发暴力的应该是"我与妻子理应互相理解"的幻想。

上野 难说啊。我还是认为男性在不断的焦灼中被触及了逆鳞，或者说被戳中了痛处。

信田 嗯……真的吗？怎么说都无法得到理解，因此越来越疲劳，越来越烦躁，最后忍无可忍。反过来说，男方对妻子有一种欲求，那是类似于儿子对母亲的欲求……

上野 而这种时候动手，就是因为男性认为"我与妻子理应互相理解"，并且自己在这个相互关系中理应占上风。因为殴打是让对方闭嘴的最终手段。

信田 不，与其说让对方闭嘴，还不如说是男性本身被激发了。我觉得那不是单纯的"为了让她听话而动手"。当然，那肯定是其中的一个理由，然而，那正是浪漫价值观的延伸，男方也被那种价值观所渗透，认为外部世界的人说什么都无所谓。但是，对于特定的恋人或妻子，可以说他们寄予了"互相理解"的信任。他们嘴上会说："我理解你说的话，我与你是平等的，能够互相理解。"可是，到了无论怎么说，"她都不理解我"的时候，就会出现喷发式的暴力。

上野 有什么具体的案例吗？

信田 有具体的案例。妻子的说法和丈夫的说法，我都听过。丈夫的原生家庭讲究"凡事好商量"，所以他有什么事都要商量，彻夜商量。

上野 可是到最后，他还是动手了？

信田 没错。或者说，正因为这样，他才动手了。正因为彻夜商量，才导致了暴力。

上野 你说这种时候会被激发，那么激发的究竟是什么呢？可以称之为"爱"吗？

信田 我不想称之为爱，但他认为那是爱，并因为他们夫妻无法接近那个充满爱的理想夫妻形象而感到绝望。当然，那都是他一厢情愿的想法。但是，他的暴力也无法单纯用"她不听我的话"或是"缺乏他者性"这种说法来解释。有时，这种暴力会针对妻子，有时也会针对墙壁或物品。一旦爆发，他就会大肆破坏整整十五分钟。碰到这种案例，我觉得其中的暴力像是穷尽了所有策略之后的终极手段。

上野 那究竟激发了什么？这么做并不能挽回妻子，也无法填补沟通的空洞，更不能解决事态。莫非那是一种惊恐发作吗？

信田　我不清楚那是不是惊恐发作，但也许是"不知道该怎么做"的表现。

上野　因为话语的不自由，而转变为身体表达吗？

信田　嗯……

上野　即使是能言善辩的人，也会不知如何是好呢。

信田　是的。一些具备了沟通能力、能够很好地用语言表达自己的男性也会施展暴力。

"心理咨询师的社会性别"问题

信田　我觉得，在认知他者之前，男性是不存在"我"的。正因为他们缺乏了认知他者的"我"，才会不把他者当作他者，譬如会把妻子放在自我的延长线上。

　　人必须完成他者的认知，这是理所当然的。那么，究竟该怎么办？这个问题其实与另一个问题相关联，那就是我们如何去接触发起DV的男性。面对那些施展暴力令妻子逃离，却认为"我是受害者"的男性，我觉得有必要给出"你是个可怜人"的认可。

上野　原来如此。你说男性不存在"我"，真是太尖锐了。也许正因如此，他们才写不出第一人称单数的文章。他会寻求同情吗？我觉得自身的正当化并不等于寻求同情。

信田　他们一方面会正当化自己的行为，另一方面也希望别人觉得他们很可怜。

上野　请恕我唐突，我认为，这也关系到心理咨询师的社会性别。他们面对男性咨询师时，可能不会采取这样的态度。

信田　啊，有可能。

上野　那是他们对你使用的策略。

信田　那我大可以顺着他的策略形式呀。既然他需要被同情，那我就给予同情。

上野　也就是说，心理咨询的技巧可能会根据咨询师与客户的社会性别关系发生改变，对吧。

信田　可能会发生改变。

上野　如果是面对女性咨询师，博取同情的行为不会威胁到他们的尊严。

信田　哦，原来如此。

上野　这跟男人在酒吧对老鸨诉苦一样。两者都充当了女公关的角色。

信田　我也有同感。其实我早有一点想法，现在你明确说出来，我就更肯定了。

上野　换言之，你其实是在社会性别的博弈中展开心理咨询。

信田　换成男性咨询师，应该会从"同为男人，我懂你"的角度展开咨询，比如"我很理解你的心情"。

上野　肯定会用不同的话术。

人不打会还手的人

上野　关于认知他者这个问题，只能让他们学习怎么将妻子或恋人认知为他者了。我听了很多人的经历和陈述，发现妻子始终在发送"我是独立的他者，不受你的摆布"这一信息。所以我觉得，有必要保持这种声音，形成一个让男性逐渐习得的过程。

拉康派精神分析学者佐佐木孝次在一篇文章中写过，他的法国妻子一直在坚定不移地向他传达"我不是你妈"的信息。反过来，这也证明了男方一直在做出将妻子当成母亲的言行。这种对待妻子的言行，正是竹田青嗣所说的"自我的延长"呢。

信田　好讨厌哦。

上野　妻子坚持不懈地宣称"你错了"，拒绝被同化。正因为他的妻子是外国人，这种做法才有可能成功。如果换成日本人，只会被说成"任性的老婆"。

信田　然后施展暴力。人在遇到不符合自身理念的现实时，就容易诉诸暴力。所以 DV 的受害者一定大多是那样的女性。她们的自我主张很强，而且对某种现象的描述非常精巧，说话富有逻辑。

不可思议的是，男人殴打妻子时明明自己一点感觉都没有，在殴打孩子这方面，却会产生罪恶感。

上野 为什么呢？我有个男性朋友曾经说过："老婆是外人，孩子是自己人。"

信田 这应该是一部分原因，可究竟为什么孩子不能打，老婆却可以打呢……

上野 也有相反的人吧。会打孩子，但不会打老婆。

信田 那应该是管教孩子……不过打老婆也是管教呢。

上野 其实这个问题很简单，就是打不会还手的人，而不打会还手的人，难道不是吗？证据在于，那些打孩子的男人，在儿子进入青春期之后就会停手。儿子一旦进入青春期，家庭内部的力量平衡就会改变。不打会还手的人，多么简单、多么卑劣啊。他们只挑选不抵抗的人大打出手。

信田 嗯……但儿子不一定会反抗父亲啊。有的儿子会脱离战线，假装看不见父亲对母亲的长期暴力。

上野 但至少，父亲不会对儿子出手了。

信田 确实是这样。哪天儿子反击了，父亲的暴力便会就此停止。男人之间的关系真是太单纯、太好懂了。

上野 读清水千波的《无法对父亲言说》就会发现，父亲的暴力常年持续的家庭，大多是只有女儿的家庭。我觉得，儿子的缺席成了一个共通点。

信田 那只打孩子又是怎么回事呢？那种时候，母亲在做什么呢？

上野 没生过孩子的女人反倒更容易信奉母爱神话，会说出："她难道不爱孩子吗？"其实并非如此。

信田 你这句话真有意思。

上野 你想啊，如果不靠语言，而靠行动来做判断，明确提示了"家长一点都不爱孩子"的案例简直太多了。反过来说，自己比孩子更重要。所以为了保护自己，一些女性会用孩子作为转移丈夫暴力的挡箭牌，甚至会让孩子充当性伤害的牺牲品。说白了，就算是为人母者，也还是更心疼自己啊。

信田 嗯。可是在日本绝对不能说出这些显而易见的话，反倒让人觉得不可思议。其实大家心里多少都明白，但就是不说。

上野 就是啊。

第六章

婚姻难民何去何从

离了婚就是结婚帝国的难民

上野 我有个质朴的疑问:那些遭受了暴力的妻子,为什么不选择离婚?难道因为除了暴力,她们的丈夫还算称职?

信田 还有孩子啊。

上野 可是那就意味着,女性碍于经济实力和生活条件这些外部原因,无法选择逃离。

信田 嗯。妻子们大都出于这些原因而不离婚。但这都不是主要原因。真正的原因,还是离婚带来的恐惧。我觉得那种恐惧,其实就是自己与男性构筑起的关系破裂、从妻子的"宝座"上掉落的恐惧。

上野 正如信田女士所说,那是远比单纯失去一个男人更令人害怕的事情。因为那相当于失去了维系自己与社会的处所。

信田 只不过,这种恐惧几乎没有被表达出来。取而代之的是一个更方便的词语——"孤独"。比如"我好孤独"。就算我劝说她们,可以去加入离异妻子的人际关系网,告诉她们"你只是离开一个男人,就有十个朋友会来找你玩",她们也听不进去。我认为,她们无法选择离婚的原因,并不能完全用"孤独"来概括。我在东大研究生院的上野研究会做卧底学习时明白了,那其实不是"孤独",而是用语言无法表达的、一种巨大的存在。

上野 原来如此。如果问题是孤独，那就意味着，孤独远比跟不懂交流的男人生活在一起的地狱更可怕呢。

信田 如果用"孤独"这个词来理解，就成了打人的丈夫也比没有人好。但我并不这么认为。

上野 有趣的是，只要说出"孤独"这个词，就显得煞有介事了。听着像一种高尚的烦恼。

信田 没错没错。这个词甚至可以抚慰说话者本人，让她们认为"我害怕的只是孤独"，所以非常危险。

除此之外，还有各种说法。我认为，一个人难以离开曾经给予自己痛苦的人，这其实是一种创伤性的纽带（Traumatic Bond）。在遭受 DV 后，"丈夫为什么打我"的谜题深深镌刻在女方的脑海中，只要不解开这个谜，她们就离不开丈夫。但是归根结底，我只能用"对坠落的恐惧"来解释。

上野 事实上，她们被男人选中，进入婚姻制度后，得到了巨大的恩惠吧。

信田 真的是这样。所以她们才无法将失去那种恩惠的情况用语言表述出来。就是觉得害怕，因此裹足不前。

上野 大家都说离了婚的女人过得很爽，其实她们在社会上的确是无依无靠的存在。不仅如此，还真实地暴露在明显的歧视以及来自男性的性接触和侮辱行为中。

信田　就是啊。我会将其表述为家庭主妇的"难民化"。

上野　啊，这个说法很棒。难民化，太有意思了。她们都是结婚帝国的难民。

是否存在不加入婚姻制度的选项

上野　我一直都这样说。为了避免受到父权制的支配，是否存在不加入婚姻制度的选项？其实没有。女人只要单身，就要受到十二分的惩罚。这些惩罚存在于经济、社会、自我认知等所有方面。从这个意义上说，不论她们是否加入婚姻制度，是否从属于某个特定的男人，都要受到父权制的支配。

正因为一直以来亲眼看到了单身女性受到的种种惩罚，人们才会一股脑儿地结婚。

信田　那么女性到了三十岁，会如何思考这件事呢？

上野　"30代"女性在整体成熟期变长的趋势中得到了一个暂缓期。男性也一样。山田昌弘都把啃老单身一族的范围设到了三十五岁。而问题在于，若一直说"将来遇到了喜欢的人"，最后将来来到了再也不能说"将来"的年龄，会发生什么？

信田　有许多人就这么一股脑儿地开始看护父母，跳过了结婚呢。

上野　她们在经济上可以依赖父母的资产，但是直到最后都摆脱不掉"没有生过孩子的不完整的女人"这一污名。如此一来，为了寻求女性的身份认同，也就是"存在的证明"，向男性索要性认可的东电 OL 那类人会出现也就不奇怪了。一旦把看护父母作为不结婚的理由，她们就成了彻头彻尾的"可怜女人"。这样的女儿自古以来就存在呢。

信田　但挺起胸膛接受那个身份，用那个借口活下去，也是一条道路吧。

上野　当然，这也是一个选项。可是这样一来，身份认同的问题就无法解决了。

CLASSY.也要败给VERY

上野　现在正因为父母手握资产，而且父母与子女利害一致，那个借口才能成立。CLASSY.[1] 上就常有相对富裕的女性跟母亲一同登场。那通常是"30 代"的单身"千金"，全身上下都是奢侈品……

1　CLASSY.：日本光文社发行的女性时尚杂志，1984 年创刊，面向大都市二十五岁到四十岁的职业女性。

信田 但她们还是要败给 VERY[1]，败给白金区的贵妇[2]，败给被选中的女人。VERY 给人以"我结婚生子，我高人一等"的胜利的快感，每一页都散发着"我们都找到了好归宿"的优越感，实在是令人咋舌。

上野 那种胜利的感觉只能维持在孩子还小的时候吧。到了后育儿期，VERY 还能保持胜利吗？届时，她们的目标将是什么？

信田 五十岁还要保持美丽、要全身奢侈品、要没有皱纹……

上野 但那种时候依旧需要有两个关键词：一是性认可；二是不被还原为"谁谁的妈妈""某先生的太太"的社会认可。就像栗原晴美[3]和木村治美[4]那样，通过爱好式的工作获得一定的认可。譬如得个日本绘本奖、日本散文俱乐部奖之类的。

信田 就是搞爱好搞出了花样，成了半个职业人士吧。在她们身上，性变得不再重要，破坏婚姻制度的东西也变得不再重要。把孩子送进高级幼儿园，然后升学，其后搞自己的爱好，成为半个专家。

上野 必须得是半个专家，不能完全成为专家。

信田 绝不超越丈夫。

1　*VERY*：日本光文社发行的女性时尚杂志，1995 年创刊，面向家庭主妇。
2　白金区的贵妇：日式英语生造词，拼写为"Shiroganese"，是 VERY 编辑相泽正人在 1998 年模仿"*Milanese*"（米兰人）创造的词汇，指居住在东京都港区白金及其周边，丈夫收入高，或自己有高收入工作的女性。
3　栗原晴美：Kurihara Harumi，日本料理研究家，曾获得第十届美食家世界烹饪大赛大奖和亚洲美食部门大奖，其食谱著作累计售出两千万册。
4　木村治美：Kimura Harumi，日本英语文学研究者、随笔家。共立女子大学名誉教授，创作、翻译了多部作品。

上野　她们把注重家庭当成卖点，使之成为商品价值。森瑶子曾经就是主妇中的领军者。绝不会破坏家庭。她那时是跟外国人结的婚吧。

信田　听说她的丈夫很差劲。森瑶子的女儿在书上（玛丽亚·布莱金《小小的贝克——母亲森瑶子与我》，新潮社，1995年）写过。读到那些内容时，我不禁感慨："这男的怎么这样。"他嫉妒瑶子，对其大打出手，生活来源完全靠吸她的血，自己又因此很不高兴。每次媒体来采访，他都要装出设计师的派头。其实归根结底，他一开始就是因为在自己的国家混不下去，才来到日本被森瑶子收留并结婚了。

上野　他还用森瑶子的钱开了一家进口游艇的公司做着玩儿，最后倒闭了。

信田　森瑶子整日挨打，过着苦日子，但始终没有表现出来。

上野　经济实力如此雄厚的人，为何没有离婚呢？

信田　很多人都这样。

上野　是为了"守护婚姻的女人"这个商业形象吗？她是否也是为此？

信田　我觉得应该不是吧。

用伤痕累累的身体守护尊严

信田　遭受暴力的女性中，也有不少经济实力和社会地位兼具的人。可她们偏偏会回到丈夫身边。

上野　我在这方面也有些疑问，正好信田女士是专家，所以想请教一番。那些不逃走的女人，靠什么维持自己的尊严，又如何保持自己的身份认同呢？

信田　关键词在于"不抛弃"。这种场合下，主语都是"我"，所以她们能够通过"不抛弃"的想法来夺回主体性。

　　她们心里清楚，自己一旦跟丈夫分开，就会从原有的社会阶层跌落。就算她本人是医生也好，律师也罢，甚至坐拥几亿的存款，一旦离开了婚姻制度，她就会沦为一介普通的中年妇女。一旦稍微意识到这点，她们就会说："可是，我如果抛弃了他，他还怎么活下去呀？"或者说："可我没办法抛弃他呀。你瞧，他这么没出息，还是个秃头。"换言之，她们认为自己选择了那个男人，之后又选择了"我不抛弃他"，仿佛"我"决定了男人的人生。

上野　如果是自己选择加入这个身份认同的博弈，就像吉泽夏子在《身为女人的希望》（劲草书房，1997年）中所说："个人的始终是个人的。"既然如此,你为何还要为她们专门构筑受害者性呢?

信田 我大可以不必这么做。可是,那些人已经把丈夫的暴力定义为 DV 了。她们在反反复复的回归与逃离中渐渐迷失,最终还是选择回归。

上野 被丈夫殴打不会摧毁她们的自尊心吗?

信田 我觉得已经彻底毁坏了。

上野 DV 并非单纯的肉体暴力。所谓暴力,真正的内涵其实是恐惧。被暴力伤害最深的是人格,而不是肉体。

信田 我也是这么说的。"再这样下去,你会渐渐腐朽。"然后她们就会哭起来。但不知为何,哭完了还是会回去。

上野 为什么呢?请你解释解释。

信田 我认为这里存在着某种自我认同的斗争,或者说夺回了主体性。她们靠自己夺回的东西支撑尊严,回到丈夫身边。由此可见,她们非常恐惧从妻子的"宝座"上跌落,或者说退出。正因如此,我才想至少将她们最后都选择回归的原因完全总结为语言。无论我怎么劝她们"你千万不能回去,暂时先住院疗养吧",都有人绝对不同意住院。用她们的话来说,回去正是为了尊严。只不过,她们已经偷换了"尊严"这个词的内涵。

上野 既然如此,那不就没有理由拯救那些人了吗?

信田 没有。我只能眼睁睁地看着她们回头,内心充满挫败感。一点办法都没有。

不离婚背后的力量博弈

上野 在对遭受 DV 的妻子的研究中，最让我信服的就是信田女士的看法。别的专家都说她们因为恐惧而失去了反抗的力量，但我总觉得有点不太对。我对此一直持有怀疑的态度。原来，这里面果然存在选择与尊严的力量博弈啊。

信田 是的。她们都有一种心理，认为那是"我自己选的男人"。

上野 那如果是相亲结婚呢？这样的人能更容易地逃离吗？

信田 不不不，相亲说到底也是自己的选择啊。有的人认为，如果舍弃了自己当初千挑万选的对象，就是没有尽到选择的责任。这是自我责任。所以我心里想着"男方会有如此强烈的责任感吗？"嘴上还是会说："这样啊。但我觉得有点奇怪，就是不太明白这个自我责任究竟是什么。"

上野 你会进行如此深入的心理咨询吗？

信田 是的。

上野 "可我是来做心理咨询，不是来说服医生你的啊。"

信田 没有手段那么高超而性情又那么阴暗的人啦。上野女士倒有可能会这么说。然后我会说："嗯，原来是这样。那么你的先生呢？他对自己的人生和婚姻有这么强的责任感吗？"她们就会回答："感觉不到。"

上野 她们对现实看得很清楚啊。一点都没看错男方。在这方面，我觉得她们非常现实。

信田 问题是在这之后，她们会话锋一转，说："这样太可怜了不是吗？"因为太可怜了，所以难以舍弃。

上野 这时，权力的平衡又发生了逆转，她们重新回到了优势地位。

信田 看了桥田寿贺子的电视剧就很容易明白。弱者在巧妙地夺回选择权时，会说对方"可怜"，或者说"为了他"，然后高高兴兴地回到原来的生活中。我们的客户虽然不会高高兴兴地回去，但总会带着一丝内疚，悄无声息地离开。

上野 有没有人后来又回来找信田女士呢？

信田 一个都没有。她们都会找别人。我认为，这就是她们的尊严。真是太了不起了。那些人也许想让我持有她们过得很幸福的幻觉，并且不忍心打破。

上野 这也是咨询师与客户之间的力量博弈啊。

信田 的确如此。

孩子是自保的手段

上野 如果暴力只存在于夫妻之间，不离婚尚且能够让人接受，可一旦孩子被卷入其中，她们也不会改变自己的选择吗？

信田 作为劝其逃离的一个理由，我会说："你可能觉得无所谓，但请为在这片烂摊子中长大的孩子考虑考虑吧。"事实上，那样的家庭已经引发了各种问题。比如儿子家里蹲，女儿患上进食障碍。我会问："即使这样，你还要回去吗？"这时，她们就会面带痛苦地回答："这些我都明白。但我认为，丈夫应该会改变的。"我真想对她们说："拜托你不要拿孩子当牺牲品"。

上野 看了母亲们的行动，就会明白母爱只是空谈。我反倒看清楚了，女人从来只会最优先自己的利益。她们明明看到孩子受了这么大的伤害，怎么就不想想如何拯救孩子脱离那样的环境呢？这最终会演变为虐待，比如孩子遭受的性伤害，归根结底也是因为母亲的默许，不是吗？

信田 就像活人献祭。

上野 或是以协助为前提展开。说到 DV 和儿童虐待的关系，那些只打老婆不打孩子的……

信田　很多。

上野　那反过来呢？

信田　反过来也很多。不过，大部分都是两者皆有。话虽如此，施展暴力的男人却会说："老子从来不打孩子。"他们用这句话来正当化自己的暴力，然后又说："老婆嘛，有时候打一打。"

上野　因为错在老婆，对吧？

信田　不，他们是觉得老婆可以打而且不心疼，打孩子就心疼。所以才会说："我从来不对孩子动手，这不是好爸爸是什么？"

上野　如果对妻子和孩子都施展暴力，为何遭受DV的妻子不从丈夫手中保护孩子呢？

信田　因为她连自己都顾不上。

上野　是这样吧，答案非常明显。我问到一半就觉得这是个蠢问题了。所以说，母爱只是空谈，母亲才不会保护孩子。

信田　是的。我也想说："你家庭都这样了，还谈什么母爱啊。"

上野　在这样的家庭中，母亲潜意识里首先会保护自己，甚至会不惜以孩子为手段。

信田　她们会巧妙地推出孩子，自己逃命。这哪叫什么母爱呢？

上野　真的是这样。

留在DV丈夫身边的理由

信田 在客户要离婚时，跟我们咨询师合作最频繁的，就是律师。当一个人看不到离婚后独立生活的可能性时，就下不了决心离婚。所以我们会把实际是否离婚的问题放到一旁，先给客户介绍律师，请律师大概计算一下现在离婚能要求多少赡养费，并在此基础上，与客户商量今后的事情。

上野 大概什么样的条件能让她们决心离婚？如果离婚只是经济问题……

信田 那倒不是。

上野 我也觉得。所以回到之前的问题，我想问，一个有工作、有收入，经济上毫无问题的人，为什么还会继续留在DV丈夫的身边？将离婚简单还原为生活问题、经济问题和劳动问题，是以前的女性主义做出的单纯解释，但实际上，这是并非能够如此明确分割的问题。所以我想请你说明一下，在解决了这些问题之后，还剩下什么问题？

信田 这无法用三言两语解释清楚，但根据我的观察，所有人都会不约而同地说："我一个人能好好生活吗？"也有人会说："那样我就变成孤身一人了。"

上野 你刚才说,"孤独"只是不愿意直面事态的一种敷衍说辞。事实上,两个人在一起会形成压力,一个人反倒可以安心。身为妻子,在与只会制造压力的丈夫共同生活时,难道不是亲身经历了那样的痛苦吗?他者既是安慰的来源,也是压力的来源,我认为对那些女性来说,丈夫只要存在,家庭就会变得无比惨淡,同时压力高涨,而丈夫一旦离开,她们就能瞬间松一口气……

信田 我猜,她们也许难以割舍自己一直以来已经习惯了的氛围吧。

上野 你是说,再怎么给人带来压力的丈夫,也总比没有好?

信田 假设在我们指明问题之前,她已经在那样的湿度、空气,或者气味环境中生活了十几二十年,那么应该会对离开那个环境感到恐惧,同时还有刚才提到的,从妻子的"宝座"上跌落的恐惧。

上野 "孤独"并不等同于"独自一人"。在旁人看来,相对无言的孤独、夫妻关系的地狱、不得不与缺乏沟通能力的人共同生活的"孤独",都比一个人的"孤独"更难以忍受啊!

信田 我觉得不是这样的。比如酒精成瘾的人,喝酒会难受得想死。可他们偏偏戒不了酒。为什么戒不了酒呢?那些人说:"我无法想象没有酒的生活,一点都描绘不出来。"

上野 我说个自己的推测。其实这里是否存在着某种侥幸心理呢?譬如在单身赴任时租住的房子里喝酒,或者在出差的酒店里喝酒,一个不小心就会陷入昏睡状态,甚至危及生命,对不对?在那种没有任何人来救他的前提下,一个人还会陷入烂醉状态吗?还是说喝酒这一行为本身，就是要在别人面前，做给别人看的自我主张？

信田 两者皆有。

上野 他们会在希望传递信息的对象面前故意招惹式地喝酒吗？

信田 初期也许是这样的。不过到了酒精成瘾的末期，就变成了以酒为生、以酒为友的感觉了。我很明白上野女士的意思，但成瘾其实也是一种类似于沟通的行为。

其实成瘾者本人心里也知道自己应该戒除，可就是戒不掉。这种感觉很像妻子们说了一百遍"我为什么一直留在这种不懂得交流、一张嘴就伤害我的丈夫身边呢？我觉得还是分开更好"，结果到最后还是分不开。

所以我猜测，正如酒精成瘾者在遇到与自己境遇相同，最后成功戒酒的人之后能够戒除酒瘾，那些离不开丈夫的妻子遇到离婚后过得有滋有味的人，或许也能够离开了。

上野 信田女士是成瘾干预的专家，所以在把话题尽量往那方面引导，这我很理解。但你的意思是，对酒精的依存跟对丈夫的依存，是同样的概念吗？

信田 那有点不一样。其实我不太明白 DV 中的"共依存"症状，所以一直不太使用这个词。

上野 那么你认为，它并非"共依存"，而是"成瘾"，对吗？

信田 怎么说呢……

对"不可见的未来"的想象力

上野 我认为,对物的依存和对人的依存,从根本上是不同的。为什么呢?因为物不会回答,而人会回答。依存于酒精和依存于丈夫,两者并不相同。所以我想,假设丈夫酗酒成性,对酒精有依存心理,其背后隐藏的信息其实是对周围的他者,也就是妻子发出的,绝非那个丈夫与酒精之间的对物关系。

信田 我觉得酒精成瘾应该是对乙醇的依存。

上野 我并不这么认为。人是语言化及社会化程度最高的动物,因为他们能够凭意志力来戒除一样东西。

信田 可是用"舒适圈"的概念来解释,酒精成瘾者相当于活在"喝醉的自己"这个舒适圈中。换言之,那就像一种多重人格。如果要灵活区分"喝醉的自己"和"清醒的自己",那么酒精就是确保成为"喝醉的自己"的道具。他们一直生活在拥有这种安全感的世界中,一旦失去了它,就会陡然变得不安,不知该如何活下去。

同理,在思考妻子离不开丈夫的理由时,其关键也许就在于婚姻制度本身。

上野 也就是说,她们没有代替方案,或者无法建立想象?

信田 用"代替方案"来表达真的好吗?

上野 那不然该怎么说?

信田 我觉得,那应该是一种离开地球的感觉。或者说自己生活在地球上,却仿佛进入了某个异次元空间。

上野 其实"代替方案"这个词是很蹩脚的译语。我只把它用作"Alternative"的本土化词汇,用的时候很不情愿。其实"Alternative"还有一个意思是"不可见的未来"。它不是当下存在的东西。

信田 "不可见的未来",这就很准确了。

上野 她们缺乏对"Alternative"的构想力或想象力。

信田 如果说成力量,那就好像是个人的问题了。

上野 那就是个人的问题。我认为,想象力也是一种能力。

信田 它的确可算作一种能力,但你不认为,想象也需要素材吗?她们在想象时,信息的来源实在是太闭塞了。

上野 但想象力算是能力之一,那可是看见此刻不可见之物的能力啊。也许还有听见此刻不可闻之物的能力。

说个题外话,做风险投资的人就是看见不可见的未来,踏足没有路的领域。他们并不是在有了明确的展望和清楚的替代方案之后,才从 A 或 B 中做出选择。看见不可见的未来,这是一种能力。而踏足那个领域,也是一种能力。

踏足未知的领域时,不仅要有信息,还要有自信和自尊。一个人能否成功，就看他拥有多少那样的条件吧。

信田　我觉得好像不太妥帖呢。你是说，在被酒精完全支配的现在的生活中，想象脱离了支配之物的世界，想象缺失了某种关键的生活，这种看见"不可见的未来"的能力吗？

那其实意味着自己沉浸其中的东西被全部剥离，远比风险投资人士想象商业的前景，或者我们想象未来更残酷……

上野　意味着"丧失"，对吧？

信田　没错，意味着丧失。

"那个人很强大，可是我……"

上野　你刚才提到让她们接触已经跨上新台阶，并且坚强生活的人。我们管那种人叫"榜样人物"，并且听腻了常常与之相伴的一句话："那些人很强大。"这句话后面往往跟着"可我跟她们不一样……"在此之前，女性并没有很多种类的榜样人物，于是有人指出，"没能树立起婚姻之外的榜样人物，是上一代人的责任"。可是，就算树立起榜样人物，也不一定能解决问题。

信田　我觉得展示"榜样人物"和展示"同伴"是不一样的。这也许只是措辞的问题，但即便如此，我还是想使用"同伴"。这个词可能很老套，但我目前想不到别的词。

在我们的团队中，遇到有人拿自己跟别人比较，找借口说"那些人比我好，比我强大"，从而将自己的处境正当化的情况，我基本都会予以否定。

上野　你不会听得不耐烦吗？

信田　我压根儿不让她们开口。

上野　那你怎么否定？压制吗？

信田　应该不算压制，就是对她们说："请你不要说这种丧气话。"

上野　那就是压制了。在对方将要说出口时予以打断。

信田　的确会打断。从这个意义上说，我的做法是非常洗脑的。

上野　操控意识。你做的果然是人格改造啊。

信田　对此，周围的抵抗非常激烈，也常常出现反驳。但我并不承担主流，而是在小众领域展开工作，所以至今还未听到过客户的强烈反驳。我是从"我的临床手段只能这样"的角度展开的。

上野　无论什么样的临床手段，都要有客户才能成立。那些被压制的人会不会觉得在你这里既不能发牢骚也不能抱怨，最后再也不找你了呢？

信田　那完全没问题。我就是要对她们说："我很明白你正处在如入泥沼的状态，也很明白你无法跟那个人切断关系，可是，如果你把离不开他的理由归结为'那些人很强大，而我没有那么大的力量'，那你今后还能有什么改善的余地呢？"或者说："你这是弱者对弱者的歧视，我绝对不认可这样的看法。"

上野　"老师，你太过分了。那些人都是强者，而我真的是弱者啊……"

信田　你想问我对方这么说怎么办吗？其实她们并不会这样说。这非常不可思议。她们嘴上说着"那些人很强大，可我……"实则心里很清楚这种说法的问题点。其实是一句口是心非的话。她们就是想改变这样的自己，所以这种时候一旦回答"对啊，你就是弱者"，她们就更加动弹不得了。正因如此，她们会说"那些人很强大"，而我则要为她们口中那些人辩护，她们才能靠自己的力量转向那个方向。我认为是这样的。

上野　要诉诸她们自己的尊严。

信田　正是如此。

上野　我虽然会使用"榜样人物"这个词，但在我列出各种各样的榜样人物时，譬如列举那些生了孩子还继续工作的女性时，其他女性会用更多的借口来搪塞我。我说这样，她们就说那样。"那个人家境很好啊。""那个人能得到丈夫的理解啊。""那个人学历高啊。""那个人能得到职场上司的理解啊。"反正她们要列举出榜样人物拥有的各种资源，然后说："我家却……"比如"我家孩子特别难带"。总而言之，她们会动用所有借口，在自己和那些努力的女性之间制造落差。

信田　她们为什么这样做呢？

上野　就是找借口呀。为了正当化什么都不做的自己，不惜一切手段。

信田 那是因为她们不去改变现状，安于现状的同时，却又觉得自己遭到了谴责吗？

上野 是的。

信田 我并不会谴责她们。因为那些来找我的人，都是想离婚的人。

上野 "你说想离婚，那为什么不离婚呢？"这句话不算谴责吗？她本人不会这样想吗？

信田 我不会对客户本人说"为什么不离婚"。有的人因为离不了才来找我，有的人则怀抱着别的问题，已经处在了崩溃的边缘。这种时候如果毫不客气地问"为什么不离婚"，就真的成了谴责。

上野 原来"为什么不离婚"也是禁句吗？

信田 对我而言，那是禁句。

上野 如果我碰到那种人，第一句话就会说你的禁句。我会说："哎，你离婚不就好了。"

信田 上野女士可以说。如果连你都把它当成禁句，那恐怕不太好吧。

压抑得久了就站不起来

上野　如此离不开丈夫的人，最后会因为什么决定离婚呢？

信田　我认为是在获得一个推动她的存在、足以消除她对"不可见的未来"的不安时。我不太想用"赋权"这个词，所以用"推动"。

上野　又或者"在背后推一把"。

信田　是的。我很想成为那个在背后推一把的人。

上野　除了"推动"，"support"[1]这个洋文也不错。我现在恍然大悟了。

　　　其实我猜测的是不同的答案。比如在丈夫的暴力变本加厉的时候，暴力开始涉及孩子，或是涉及性领域的时候。这跟绝对贫困化理论一样。劳动者何时会揭竿而起？那就是在贫困化最深入的时候。但你的回答并非如此，反倒是在积极因素登场的时候。这点我非常理解。

信田　与上野女士所说的一样，对物品的依存也会因为贫困化而消解。以酒精成瘾为例，其"触底"概念，其实就是绝对贫困化理论。

上野　是吗？因为身体有极限啊。

1　意为"支持"。（编者注）

信田 但实际上也不能这么说。触底的情况多种多样，既可以存在于身体，也可以存在于工作甚至家庭中。一部分酒精成瘾者，会在家庭濒临崩溃时成功戒除。

上野 药物成瘾应该也一样。再这样下去就会死的危机感，属于触底的情况之一。

信田 虽然是情况之一，但正如先前所说，身体的记忆是很快就会被遗忘的。只要身体有所好转，很多人又会再次成瘾。

上野 纳粹集中营的生还者，至少在20世纪60年代针对犹太人大屠杀的主要责任人阿道夫·艾希曼的审判开始前，在犹太人群体中都是遭到轻蔑的对象。人们会指责他们"遭到了如此残暴的虐待，反正都是一死，却没有拼上性命站起来反抗，所以是懦弱的犹太人"。生还者们对此几乎一直保持着沉默。

后来，是艾希曼的审判改变了这一切。受害者一个又一个站上证人台，讲述了那些不堪回首的过去，使世界为之震撼，也使人们对其改观。因为发生在集中营里的一切，都是难以诉说的，是即便说了也没有人会相信的惨剧。

我还想到了另一个案例，就是2000年发生的"新潟少女囚禁事件"[1]中的女生。

---

1 新潟少女囚禁事件：1990年，日本新潟县一名九岁少女遭到男性绑架，并被囚禁九年零两个月。因囚禁期间无法自由活动且营养不良，少女下肢肌肉严重萎缩，导致其无法行走。（译者注）

信田　是啊，的确有部分人认为，她只要想逃，其实是能跑掉的。

上野　人无论处在什么样的逆境中，都会为了生存而逐渐适应。她甚至付出了再也不能行走的代价去适应它。这真是超乎寻常的适应能力。

信田　无法离婚的妻子们，也可以理解为在难以言说的，甚至在本人都无法察觉的压迫中求生。

上野　正是如此。在求生这件事上，她们已经发挥了十二分的力量。

信田　所以我认为，她们需要先得到肯定。刚才提到的"那些人很强大，我们都太弱小了。我有宠物，还有三个孩子"的这种发言，其实起到了试纸的作用，检测眼前这个人会不会肯定自己现在的生活方式。

上野　正是如此。我也从你这里学到了不少。都说历史是集体的经验，但是听了你的话，就会发现集体经验与个人经验是高度重合的。

受害者避免成为加害者的唯一方法

上野　我从信田女士这里学到的重要结论，就是"不断以受害者身份存在，将直接转化为加害者性""是受害者与是加害者，其实两者是一体的"。这些都让我印象深刻。

无论在理论上还是时间上，分割加害者性与受害者性都是不可能的。将之放到人权论的脉络中，便是一个典型的定式。针对某个人，自己始终维持受害者的身份，就是在大力维护"被害·加害"这一结构。如此一来，避免成为加害者的唯一方法，就是对受害者的身份说"不"。从理论上说，唯有这样才能摆脱自己的加害者身份。

信田　脱离受害者身份，这是什么意思呢？我会马上从家庭的各种脉络中展开思考，如果按照家庭的脉络，那也许要从唤醒受害者的自觉这一点着手，让其知晓维持受害者的身份，反而会被称为加害者的这个事实。

上野　那么，具体要展开什么样的行动，才能脱离受害者的身份呢？你之前用了"当事者性"这个词。把它反过来说，我就想到了这样一句话——"I do not belong to you"，也就是"我不属于你"。"我不属于你"意味着"我不同于你"。

信田　"你"是谁呢？

上野　就是近在眼前的他者。有人认为"我不同于你"是一种"自我复原"，其实并非"复原"，而是"自我获取"。

　　"自我"在日语中写作"自分"，而"分"这个词包含了"share"（份额）的语义，"This belong to me"指的就是"这是我的，这不属于你"。从属需要对应"自·分"的从属主体。我想，缺乏当事者性，也许就是缺乏从属的主体。

信田　我在朝日文化中心做有关家庭问题的讲座时，经常会使用一张图。这张图很简单，而且与上野女士刚才说的话很有关系，所以我画出来给大家看看。

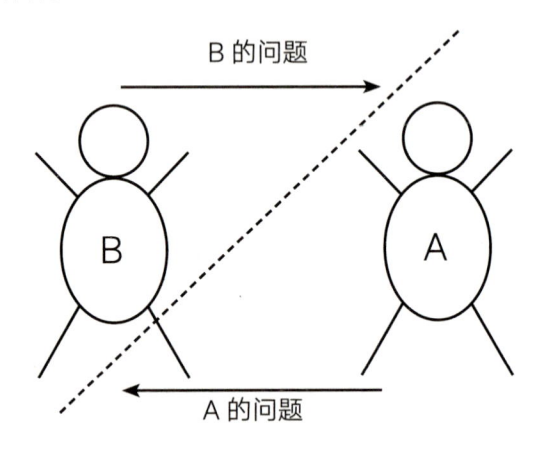

```
         B 的问题 →

    B              A

         ← A 的问题
```

上野　好像乌龟哦。（笑）

信田　假设 A 对 B 做出某种行为，B 试图让 A 停止这种行为。B 可以是母亲，也可以是妻子。但是，只要这种行为的互动一直重复，问题就始终存在。暴力如此，孩子的问题亦如此。

这时，我说的第一句话不是让对方停止行为，而是"先在你和对方之间画一条线吧"。线的这一头是你的问题，那一头是别人的问题。换言之，就是从整理问题的归属开始。

"I do not belong to you"，这是我的问题，那是你的问题。关于这个问题，我基本无法干预。你能干预的，是从这里到这里的部分，也就是你自己的问题。如此整理下来，就能非常具体而现实地解决问题。

上野　也就是区分开"自·分"的领域和"他·分"的领域对吧。

其实老实说,我并不想把"自分"的"分"解释为"share"。为什么呢?因为"分"的语义受到了日本文化的深远影响。譬如"分际"(身份、地位)和"分相应"(合乎身份),等等。说成"自我的领域"与"对方的领域",应该能减少误解。

我经常对学生和各种各样的人说一句话,那就是:"This is none of my business. It's your business."(这与我无关,是你的问题。)

如果不把"我不同于你"作为前提,就无法拥有自我。因为自我产生于"不同"之处。然而,人们还是会对"不同"心怀恐惧。

信田　的确是这样的。人们对说出"不同"有着极为强烈的恐惧。我自己就出于抵触的心理,不怎么用"不同"这个词。作为代替,我会说"别"(日语,指不一样),也就是"different"。

上野　那我们也别说"自分"了,干脆说"自别"吧。(笑)

信田　"different"既有"不同"的意思,也有"不一样"的意思。所以我会说:"我的问题跟你的问题不一样。"一旦说出"不同",就有了否定的意味。

上野　这是日语的语感。

信田　父母们生怕孩子会演变为抗拒,因此会感到恐慌。所以会采用这样的说法:红与白、红与黄、红与绿,这些都是颜色,但也是不一样的颜色。

上野　果然还是不想强调"不一样"啊。原来无论男女,都不想拥有自我。

信田　你瞧，上野女士总是这样，举一反三千……

上野　我联想的是那句发言——"家庭是自我的延长"。从这句话可以看出，说话的人并不希望妻子与自己"不一样"。而我们一直都生活在不希望强调"不一样"的家庭文化中。这时，一旦眼前出现了"不一样"，就会产生恐惧。

信田　亏他们能觉得世上竟有不是"不一样"的人。

上野　正因为认为没有"不一样"，才会对女儿的身体出手。

信田　也正因如此，才能说得出"我先下手为强"。多么简单的人生啊！他们才最应该知道孤独是什么。

上野　人生如此简单的人，根本不会体验到孤独。

信田　所以我一直认为，女人没有资格说："我一个人活不下去。"

"孤独"是一种痛快

上野　信田女士刚才说，女性在无法决心离婚时，"孤独"成为一个关键词。通过树立"不一样"，自己得以"成为自己"，而成为自己，意味着接触到了"我是一个人"的根源性。她们对此心怀恐惧。我认为，这是真实存在的恐惧。

信田　可我觉得没有那么高级。正如之前所说，那应该是"跌落的恐惧"。害怕自己从现实世界的体制中跌落出来，或者说害怕自己不再是"某人的妻子"，而是一个离了婚、步入中年、满脸皱纹、没有工作，又不能依赖娘家的女人。

上野　瑞典导演英格玛·伯格曼有一部迷你剧名叫《婚姻生活》（1974年），日本曾经做过一个活动，就是请家庭主妇讨论观影感想。那里除我之外都是已婚妇女，她们异口同声地说："那种孤独让我毛骨悚然。""如果要我体会那种孤独，那我宁愿跟糟糕的丈夫生活。"结合你刚才的话，那些人说的是不是伯格曼在片中描绘的，触及了现实最底层的孤独呢？

信田　那是男人拍的影片吧。

上野　是的。不过女主角演得非常出色。

信田　我们一直都认为问题的本质是这种高级的东西，实际并非如此。

上野　你说"没有那么高级"，真的很有意思。原来如此啊。

　　触及了现实最底层的孤独，其实要有了自我才能体会。在日本，也许没有多少人知晓那种孤独。也许正因如此，日本才没有宗教，也没有哲学。

信田　有可能。当然那也不是非要去体会一把的东西……

上野　其实我总是会想，许多人虽然害怕那样的孤独，可是真正体会过，反倒会觉得痛快呢。

信田　从这里开始,就要听上野女士的说法了。老实说,我真的不明白。

上野　你没体会过?

信田　嗯。不如把它留到最后,当作人生的硕果吧。

第七章

点评
"心理咨询师无用论"

只要有同伴就无须心理咨询师？

上野 刚才我使用"榜样人物"这个词时，信田女士提出了"同伴"。我觉得两者的差别会带来截然不同的效果，这么说可能略显夸大，但是对处在成瘾环境中的女性而言，这是否意味着，与抱有同样烦恼和问题的人一同进行的朋辈心理咨询（peer-counseling）是最有效的呢？

信田 与其说有效果，不如直接说她们需要有同伴的存在。另外，也需要不是同伴的人。若非如此，我们的存在就没有意义了。

上野 我刚想问这个，你倒先回答了。

信田 我很明白上野女士想说的问题。其实我也一直认为，如果她们有了同伴，是不是就不需要我们了？在与酒精成瘾者接触的过程中，我一直有这种感觉。

上野 我也有同感。

信田 然而，我还想继续这份工作，因此不得不给出我们存在的依据。

上野 这应该算是职业上的"必要"了吧。因为做朋辈心理咨询的人，都说只要有同伴就够了。

信田 也许那个时代将会到来。不过，我接触了那么多朋辈心理咨询师，认为目前要把自身的经验相对化，还是非常困难的。朋辈心理咨询的问题就在这里。

上野 你说的相对化，就是一个人做不到，但只要大家团结就能做到的意思吗？

信田 这只是基于我自身体验的意见。朋辈心理咨询是最接近权力的行为。有时人们会想：正因为是同伴，我才想在什么地方行使这个权力。

上野 你刚才说的话算是问题发言吧？

信田 是的，我知道。

另外，我还知道有一种参加者互相做心理咨询的相互咨询练习(co-counseling)。而我认为，为了削弱其暗示性，需要设置好几重关卡。因为人们都是通过自己的经验来总结方法。

上野 比如设置资深者与入门者的排序，用明确的脚本规定程序？

信田 没错。我之所以不喜欢"榜样人物"这个词，就因为它具备了"应该如此"的语感。

上野 那其实朋辈心理咨询师也并非"朋辈"了，不是吗？

信田 但是，朋辈心理咨询师有个很狡诈的地方，那就是"朋辈"这个词……

上野 可信田女士也用了"朋辈"这个词啊！

在日语里，假设朋辈心理咨询师是"前辈"，那也属于"榜样人物"的一种。因为他们的存在目的是"跟着我，到达我的境界吧"。还有专门的脚本配合工作。

信田 引导团体前进的人中，既要有前辈，也要有非前辈的人。如果没有这样的三级结构，在设定模型目标时，可能会产生非常极权主义的危险结构。

上野 "非前辈的人"是什么人，起到什么作用？

信田 我就想成为那样的人。

首先，我并非同伴，而是非当事人。我想，这种非对称的结构是有意义的。可是，假设一个团体的成员都是女性，那么在女性这个意义上，我也是同伴，是一样的。既然如此，我为何能以专家的身份从中获取报酬呢？其中一点在于，我掌握了更多的信息量。另一点在于，即使我有成为核心的经验，从某种意义上说，那也是极其稀薄的，而正因如此，我才能相对化自己的经验，去辅助更多人的更多样的经验。另外就是长年研究和探索培养出来的专业技能吧。

上野 你刚才说的信息量和相对化，若不是相互咨询那种一对一的模式，而是集体性的互助小组，应该能得到充分的补足吧。比如，即使是前辈与领导者这样的关系，在一个集体中，脚本也是因人而异的。有了集体的平台和力量，不就足以让人看到案例的多样性，从而将自己的案例相对化吗？在密闭空间中一对一的心理咨询，会不会反倒更危险呢？

信田 你这个质疑很犀利啊。（笑）正如你所说，在密闭空间中一对一的关系很危险。毕竟只有两个人。二者的关系与夫妻关系相似,很容易转化为支配关系。

我们的咨询中心是以集体咨询为核心,个人咨询与集体咨询并存。如果问个人咨询是否没有必要性,我的答案是否定的。因为很多人还是会寻求"我只对这个人倾诉秘密"的关系,而且"独占咨询师一个小时"的满足感也是无可替代的。很多人都是在参加互助小组的同时,找我这个非当事人兼专家进行一对一的心理咨询。

我们做的是服务行业,为了避免密闭空间里的危险,也规定了临床心理咨询师的伦理规范[1]。另外还有责任问题。

上野　什么责任问题?谁要对谁负什么责任?

信田　我们收了咨询费,就要负起责任,让支付费用的客户得到一定的满足。

上野　这跟互助小组集资有什么不同吗?

信田　互助小组的支付模式是向整个团体出资。

上野　就算没有金钱来往,也付出了时间和精力。

---

[1] 临床心理咨询师的伦理规范:"临床心理咨询师"(临床心理士)是日本临床心理咨询师资格认定协会从 1988 年开始实施的资格认证,并非国家资格认证。(详情请参照该协会监修的《临床心理咨询师入门》。)与之相对,不管有没有临床心理咨询师的资格认证,目前任何人都可以自称"心理咨询师"(Counselor)。顺带一提,我拥有"临床心理咨询师"(临床心理士)的资格认证,但是自称"心理咨询师"(Counselor)。此外,日本临床心理咨询师资格认定协会还制定了"临床心理咨询师"(临床心理士)的伦理规范。(信田)

信田　都是相互的。但是作为一份工作，我就不算付出。我与客户是非对称的关系。我必须对自己提供的服务质量负责。

上野　所以你不觉得，他们有能力创建互助小组，就已经足够了吗？

信田　对于当事者的力量，我身为干预成瘾问题的援助者已经有了十分充分的了解。我甚至认为，将来的某一天，会不再需要专家这种非当事人的存在。但是不能否定，这种说法可能引发专家的懈怠与对互助小组的依存心理。既然我是有意识地行使非当事人及专家的权力，那就证明这个领域还有继续钻研的余地。

作为非当事人，内心难免会有一丝自卑，因此在得到当事人的称赞时，我会特别高兴，同时充满自信。我从中得到了一种动力，得以继续从事"援助"这个略有些变态性质的工作。同时，它也给我了一种保障，告诉我可以装出一副了不起的样子。我很想问问当事人，对他们而言，援助者这种非当事人的存在究竟具有什么样的意义？也许，这就是另一种"援助者论"。

在强悍的专家支配之下

上野　回顾女性主义的历史，最初的 CR（Consciousness Raising，唤起意识）也属于一种同伴心理咨询，并且在过程中发生了非常奇妙的事情。CR 衍生出了"诱导者"（facilitator）这一特殊化的职能，这些人开始成为专家，继而成为培训者和咨询者。再后来就有了类似女性援助中心的机构，也产生了聘用机会，原本的志愿者工作转化为有偿工作。虽然不能靠它吃饭，但她们也有了专家的地位和相应的报酬。

信田　这跟普通的咨询师历史完全相反呢。

上野　此前，我一直认为初期 CR 的中心人物走向专业化的过程是"女性运动的堕落"。因为在 CR 集会中，几乎都是"请大家听听我的经历……"当中自然生成了不互相批判、只负责倾听、每个人发言时间平等这些规则，并没有人专门去制定。可是它渐渐形式化，于是 CR 的中心人物最终发展成为"诱导者"……日语直接使用了这个词的英语音译，没有本土化的译语。

信田　你说的"诱导者"，听起来像是勤杂工呢。

上野　没有别的译语了吗？

信田　目前在女性援助中心从事 DV 相关工作的，多数都是与女性主义有关系的人。其实那正是最需要专业人士的领域。

上野　正是如此。还有一点有意思的地方，用信田女士来举例，就是你的客户并没有自己集资，比如说"我们每人出一千日元，请信田女士来当诱导者吧"，也就是没有将这个工作有偿化。相反，是行政参与了进去。因为有行政的参与，你就有了报酬。这种行政主导的社会教育讲座，被批判为"行政女性主义"。

信田 被谁批判？

上野 草根活动家得不到任何支援，一直都在奉献自己的精力、时间和金钱。女性运动的信念就是同伴之间的平级对等。所以，她们对上下关系和权威关系特别敏感，并积极发起批判。话虽如此，越是少数派和特殊群体，其机体内部的专制倾向就越强。举个例子，在那类群体中，仅仅是化妆就要遭到谴责，根据是否穿胸罩能分出上下关系，根据是否穿草木染的服装也能分出个黑白。（笑）

信田 真有意思啊。其实在传统的，或者连传统的历史都不具备的精神医学和临床心理学中，集体精神疗法在某种意义上是边缘化的东西。直到现在，同伴和互助小组的存在都不怎么能得到认可。

在这些学术领域，提到连动互助小组，便有极端的少数派仍认为没有这些小组，我们的工作就无法成立。与之相对，在女性主义的世界，其发展途径就是从同伴和对等的关系出发，从中分化出专业性，继而产生报酬。

上野 因为你所在的业界，其出发点是强悍的专家支配，所以我可以理解。从这个角度看，就特别能看出信田女士是何等地叛逆和特殊。

从市场原理审视心理咨询

上野 你是否认为,只要当事者逐渐成熟,专家总有一天会被搁置,最终遭到抛弃呢?我看你好像是为了将现状正当化,动用了所有的理论框架,但有没有一种可能性,即现状会发生变化呢?

信田 如果我回答这个问题,你可能会大皱眉头。其实我认为,只要医疗系统不崩坏,我们就会永远存在下去。

上野 原来如此。那就是寄生于制度之上吧。

信田 你这话实在是太尖锐了。我们从小就要打预防针,要露出赤裸的胸口接受听诊器的按压,从而建立起"向医生这一权威性的他者展示身体是为了自己好"的印象,并发展为专家信仰。只要这个范式一直存在,那么我们也就永远会是名为"心理咨询师"的专家。

不仅如此,我们还选择了去医疗的立场。我们强调的是既非医生也非同伴的某个夹缝,以及在这个夹缝中能够做到什么。刚才上野女士所说的"迎合需求",就是其中一种方向。只不过,我的立场稍有不同。我会很清楚地主张:"我作为人类,与你这个人类相会于此,你有需求,我的职业伦理是迎合你的需求,但遇到我身为一个人类实在难以接受的事情时,我会说'不',如果你对此无法接受,那就请找别家吧。"这样一来，我又会想这是不是同伴的一种变体？

上野　这就是区内私设诊所的强势之处啊。

信田　也许不能公开说。

上野　"如果你对我不满意，就请找别家。"只需要这句话，就能区分是否活在市场原理支配的世界啊。

信田　正是如此。公共机构的人在很多场合听了我的意见，都会说："在我们这儿可不敢这样说。"每次我都会真实地感觉到："啊，这就是不同之处。"虽然在市场环境中展开工作有一定困难，但我们也是"one of them"（他们的一分子）。拿伊势丹和高岛屋打比方，假设我们是伊势丹，并且明言"我们将会摆出这样的明确态度"时，若有人反馈"那还是高岛屋好"，我们就会说："那你去高岛屋吧。"

上野　但你们不像百货商场，更像专业精品店。

信田　那只是一种借口。

上野　也是制度的寄生物。

信田　我们的自我定义是夹缝。这个夹缝是公共与医疗的夹缝，同时是公共与互助小组的夹缝。

上野　我特别理解。还有一点，活在市场原理中，就不必面对女性主义领域常见的"你见到在经济上更贫困的弱者该怎么做"这种同伴心理咨询式的疑问了。

信田　啊，是可以这么说。

上野　你可以明确地说："你连半小时六千日元的费用都支付不起，

进不了我们家的门。"

信田 但是我去做演讲时，往往会受到批判。"难道你们对那些人见死不救吗？"

上野 你怎么回答？

信田 我回答："因为我们靠这个吃饭。"其实，如何对待低保人士是个非常大的问题。曾经我们也用正规费用打一折的价格接待低保人士。

上野 算是贵诊所请客吗？

信田 没错，跳楼大甩卖。

上野 这部分完全没有公共补贴吧。

信田 没有。另外，我们还有"减免二分之一"的政策。当一个人说"如果费用是现在的一半，我就能支付得起"，我们总不能因为那个人付不起钱而中断援助吧。所以就有了这个政策。可是那样一来，事情就会变得特别复杂。因为费用减半的依据是咨询者的自主申告。除此之外，有的人即使是低保人士，也说"我想全额支付"。这种时候该怎么处理呢？思来想去，觉得要在这上面耗费时间，又得不到公共补贴，干脆对低保人士也按正价收费算了。

上野 还有一人一价的完全自由价格制度吧。

信田 对咨询师而言是这样的。

上野 那个也有。但我想说的是根据对方的承受能力单独定价。除此之外，当然也有指名价格。这些你们都不使用吗？

信田　很多人都这样说过，比如"信田小夜子收一万两千日元，只有一年经验、年仅二十九岁的年轻咨询师也收一万两千日元，这合理吗？"

上野　我也是这么想的。

信田　如果是针对个人，大可以这么做。但若是接待团体，比如爸爸妈妈还有孩子都来了，就需要有三个咨询师。这种时候，为了强调每个咨询师都具备一定的资质，就必须收取同样的费用。

上野　因为在那个情况下，你不是"信田小夜子"，而是"原宿心理咨询中心"这个品牌店的老板。你这么做是为了证明自己的品控可靠。

信田　正是如此。我不会去考虑问题的难易度。因为那个判定是站在我们的立场上做出的，也就成了我们的实力问题。在客户看来，所有问题都同样"令人烦恼"。

上野　我认为这是身为经营者的正确态度。因为希望客户购买的并非是个人，而是品牌。我属于市场原理派，因此非常理解你。不过话说回来，你的演讲中竟会有人提出"穷人怎么办"，真让我感到惊讶。

信田　会有人问，而且是以责难的语气。

上野　其实无论什么演讲，都有那种正派的人。即使他自己不一定是穷人。

信田　……大多是公务员吧。（笑）没有什么比公务员更讨厌了。

上野　我也有同感。不过说起来，我也算是公务员。（笑）反正是寄生于制度的存在。

信田 他们非但没有这种意识，还能免费请人来讲课[1]，或者免费参加学习。有时我也想说："那你有没有考虑过，那些想学点东西又必须付钱的人心里好不好受？而且往往是那样的人最爱自诩'正义的伙伴'。"

心理咨询的技巧界限

上野 我一直跟生活消费协会的人保持来往，并且一直在对她们说："你们既然在自助、公助和互助中选择了互助，那就要互相帮助。接受帮助与提供帮助并不是一个相互的关系，因此绝不等于互助。一旦你们试图为不具备互助能力的人负责，整个系统就要崩溃了。"

信田 一旦将它明确为语言，就很好理解了。我只把这种现象视作现象，也能在其脉络中组织语言。换言之，就是能够描述。可是若问我怎么将其明确为语言，我就说不出来了。

上野 虽然你这么说，但这些都不是我凭一己之力想出来的语言，而是社会学研究界的常识。信田女士只是不具备那种常识罢了。

---

1 这里是因为有人声讨信田讲课收钱，他们是公务员，公务员的集体会组织学习讲课，他们可以免费听，自己享受福利，反倒去声讨知识付费。（译者注）

信田 再说一点，这些语言在你的行业中属于常识，却没有一个心理咨询师需要用到它，我觉得很不可思议。

上野 也许因为他们的工作只存在于自己和客户之间吧。

信田 自弗洛伊德之后，我们发明了许多表达封闭关系的语言。

上野 所以它才会变成技巧。心理咨询界的人往往止步于技巧的层面，我真的很想说："你们太过分了。"

信田 我早就有这种想法了，真的很生气。

上野 为什么他们不通过技巧生成理论呢？

信田 我现在感觉到上野女士对我做出了包含着期待的施压。（笑）这是真的。

上野 每次参加女性主义心理咨询的学习会，我都会直言："你们已经搞了十年，理所当然要形成理论了，别只停留在技巧层面磨洋工。""如果没有形成理论，那就是你们的懒怠。"我觉得，第一步还是要"切断弗洛伊德的脐带"。

信田 正是如此。证明它本身就不存在理论啊。

上野 不是有一种受到通俗弗洛伊德学说的严重影响、让人厌恶的成长经历还原理论吗？举个例子，就是："我来做心理咨询，是因为烦恼于现在遭遇的性骚扰问题。你凭什么问我以前在什么样的家庭里长大？"原宿心理咨询中心不存在这样的倾向吗？

信田 还是会问的，但我们问成长经历，并不会将其关联到客户目前面对的苦恼，或者说，会去判断应该优先哪一方面。绝不会对苦恼于当下的人刨根问底地打听其成长经历。

心理咨询师与尤塔的区别

上野 刚才信田女士说，无法离婚的妻子们把能量用在了苟延残喘上，所以她们必须先得到认可（第178页）。请容我继续追问，给予认可的角色可以不是专家，而是同伴吧？比如只要说出这句话就好："佐代子小姐，你很努力了。"

信田 我认为不需要是专家。从这个角度展开思考，对方是同伴抑或专家，其实都不重要。

上野 我是一名社会学研究者，所以会去思考这中间的金钱流动。

信田 原来如此，很有道理。我毕竟是靠这个吃饭的，必须能够在市场上生存下去。

只不过，正如我前面数次提到的，这种依靠市场原理而存续的工作并不像从医资格那样得到了公共权威的保障。那么，我们到头来要依靠什么来正当化自己的职业呢？还是要靠理论。

上野 嗯？我还以为你要说"金钱的流动"呢。

信田 如果要说"金钱的流动"，比如附近的大楼里开了一家做咨询的，假设它是脱发咨询中心，或者不用吃药也能治愈阳痿的咨询中心，钱就会往那边流动。那跟我们基本是……

上野 不同的吗？

信田 我觉得是相同的。虽说如此，但我还是希望加入现有的学会和学术权威。所谓加入，指的不是加盟，而是造成一定的影响，并且……

上野 这跟街边的尤塔（冲绳群岛的灵媒师）有什么不同吗？

信田 街边的尤塔、心理咨询师，其实大差不差。真要说不一样的地方，还是在于理论。

上野 听说街边的尤塔也要经过训练呢。

信田 虽然心理咨询在某种程度上与现代构筑起来的各种学术有着共同的基盘，但我认为其不同之处的关键应该在于能否提示出自身特性的依据。上野老师，你怎么想？

上野 你是说不同于现代专家支配这一制度的补充，而是与之对抗的替代物是吧？

信田 是的，不是去补充。

上野 我并没有否定的意思。

信田 我明白。我非常理解。

被带入家庭的PTSD

信田 女性精神医学研究者朱迪思·赫尔曼积极倡导了 PTSD（post-traumatic stress disorders，创伤后应激障碍）的概念。她将越受压迫越适应压迫的现象称为"对加害者的爱"，将其分类到 PTSD 中的"Complex PTSD"（复杂型创伤后应激障碍）。我一开始对此异常感动，可是仔细一想，"PTSD"这个词其实很微妙，很可能潜藏着危险性。

朱迪思·赫尔曼在《创伤与复原》（*Trauma and Recovery*）中提出，类似集中营的体验与家庭内部的体验在某种意义上是共通的。我认为，连接二者的就是越南战争及与之相伴的大量复员士兵的存在。

在 PTSD 的概念被应用于家庭问题之后，亲子与夫妻之间的各种现象都变得不太一样了。比如"亲情""忍耐""善解人意"，这些都是在家庭内部生成的既存概念。按照赫尔曼的解释，那就是绝对贫困化长期持续，且持续时间过于漫长，在贫困成为理所当然之后诞生的语言。从这个角度来解读，会让人感觉种种现象都有了颠覆性的意义。

上野　PTSD 是创伤之后的应激，对吧？从时间上说，需要先存在创伤，但它其实是根据现在的症状，以回溯的方式构筑起来的体验。

信田　赫尔曼说的不是单一的创伤，而是复数的、长期存在的创伤性体验。你所说的回溯，就是将记忆作为依据。部分精神科医生会将某种症状诊断为 PTSD，而部分精神科医生则认为"PTSD 是不可靠的理论"。当然，这可能只是过渡性的现象。

上野　PTSD 没有被正式登记为一种病症吗？

信田　美国精神障碍诊断与统计手册（DSM-IV，Diagnostic and Statistical Manual of Mental Disorders-IV）上列出了 PTSD。

上野　从哪一年开始的？

信田　1980 年，从 DSM-III 就有了。

上野　自然灾害和交通事故都属于无法预期的事情，战争则是人为引发的非日常的体验。赫尔曼把诞生于截然不同的领域的 PTSD 这一概念导入到了日常性的家庭内部关系中。不过话说回来，弗洛伊德的歇斯底里研究中本就已经存在创伤后的概念，甚至被弗洛伊德自身否定，后来经过作战应激反应这一变体，才发展成了 PTSD 的概念。请问，这时的 PTSD 与此前相比有什么变化吗？

信田　我认为是有变化的。

上野　"对压迫者的爱"肯定不存在于越南战争或交通事故中吧。也许非日常的体验不断持续，最终无法回归日常，这种压力怪癖才叫"对压迫者的爱"。

信田 "对压迫者的爱"是将对象范围扩大到家庭之后才出现的概念,可是在第二次世界大战时期,集中营内部也出现了"对压迫者的爱"。

上野 原来如此。信田女士认为"家庭某种程度上类似集中营",我很理解。

信田 对孩子来说,家庭某些时候不正是强制收容他们的集中营吗?

上野 从离开家庭后无处可去的这个角度看,的确是这样。

信田 随着时间渐渐流逝,这个事实会变得越来越不显眼。我参加某精神医学专业的学会时(2001年),很少有医生能回答"精神医疗门诊如何看待PTSD"这个问题。

上野 因为他们从未认真思考过。

信田 嗯,没有思考过。不过现在有个很有趣的现象——在医疗与法律的交叉领域,PTSD这个概念具有非常重要的意义。

上野 在性骚扰的审判中,这是律师最常用的理论吧。

信田 因为这是拥有客观性且从医学角度认定"加害、被害"关系的唯一词语。

在此之前,DSM收录的前提是不问病因,但是PTSD的首次露面显然是为了确定"原因"。我认为这是一个划时代的区别。所以在法律和审判的领域,PTSD得到了大量运用。

上野 某个打性骚扰官司百战百胜的律师曾说过一句让我很感动的话:"只要是能赢的理论,我们都用。"律师不同于研究者,才不会管什么理论的连贯性。我认为PTSD的确是一件用着非常顺手的武器。

秋田那场性骚扰审判中存在一个争议点，就是女性上午遭到性骚扰，中午又跟别人一起去吃午饭了。法官认为女性遭到性骚扰的严重侵害，并因此形成创伤，不久之后又若无其事地外出吃午饭，这点非常令人难以置信。对此，原告律师使用PTSD的概念构筑了一套逻辑——"当一个人的创伤过于严重时，大脑会无法应对。此时，那个人会从现实中逃离，通过重复性的日常行动来支撑自我，避免崩溃。"

信田 原来如此，我学到了。话说回来，在申请更改姓名时，PTSD也是一种有效的方法。一般来说，要完全修改父母给予的姓名，至少要花五年时间。现在只要拿着"家长令我受到了PTSD的困扰"这一诊断书，就能在短时间内改换姓名。

上野 这已经变成尚方宝剑了呀。那么谁有权限开具那种诊断书呢？

信田 医生。

上野 只有精神科医生？像你这样的咨询师不行？

信田 不行。

上野 即使有临床心理士的资质也不行？

信田 不行。

上野 因为那是民间授权的资质？

信田 没错。因为那不是国家资质。所以我们必须时刻保持至少与两位精神科医生的合作。

上野 笨蛋和专家都要看用法，对吧。（笑）PTSD作为一种诊断名称很好用吗？

信田　在各方面都很好用。从用起来顺手的角度来说，这是一个意义重大的词。真的是能用的都用上。并且我觉得，在使用的过程中，法律和精神医学也逐渐发生了改变。

"AC和性伤害都靠自主申告"的问题

上野　你刚才提到，一部分人对PTSD是持怀疑态度的，对吧？那么就是一方面觉得用着顺手，一方面又保持怀疑吗？

信田　我觉得应该是因为它无法被还原为医疗模式。

上野　它当然是病名，诊断的权限也掌握在专家手中，从这个角度考虑，你说得一点没错。那么有什么代替方案吗？无法被还原为医疗模式这个批判我百分之百认同。那么，假设它不是一种医疗模式，又该如何对它进行语言化和理论化呢？

信田　我觉得还是靠自主申告吧。

上野　这个方向转得很突然啊。"自主申告"算是比较有问题，或者说是比较煽动性的用语。我强调的是"provocative"（煽动性），而不是"controversial"（争议性）。争议性意味着"有问题"，而煽动性更接近"容易引起这种讨论""有刺激性""有启发性"的意思。

　　"我现在这种状态是PTSD""我是一名AC（Adult Children，成人子女）""我遭受了性伤害"，这些全都是自主申告。"自主申告"的定义必然包含两种性质，其一当然是"当事者性"；其二则是"事后性"。在事情发生的瞬间，当事者有可能并不能将其认知为"受害"。

信田　因为就是这样啊。

上野　自主申告往往是事后才有的。

信田　前面应该提到过，性伤害正是如此。

上野　那我们来深入探讨这个问题，一起走走这危险的钢丝吧。我猜，你我二人都会遭到批判。历史学家会来批判我，临床学家则会批判你。

信田　没关系。我是心理咨询师，只要有客户，我就不怕。

PTSD虽是事后（post）性的，但只要它存在于医疗模式中，就具备了"现在性"。专门强调"post"的行为本身就是"现在性"的，也就是说，它是现在进行时。只不过"自主申告"相当于不得不用另一种形式讲述自己此前的人生，使它具有了一定的故事性。用性伤害举例，本来正常生活的人在讲述这种遭遇时会产生如鲠在喉的感觉，或者在回溯过去的记忆时遇到一片巨大的空白。那会让她们疑惑——"这究竟是什么？"也有可能某个人经历了不正常的事情，却试图让自己认为"那不算什么"，但是通过书本和其他媒介，他们的经历被赋予了"性伤害"这个名称。从那一刻起，他们会感到自己此前的人生故事被彻底颠覆了。

上野　记忆被重新定义，经验被重新讲述，对吧？

信田 我认为那就是性伤害导致的一种混乱或错乱。

上野 我说一句很可能引起争议的话吧。我认为可能有两种解释。

第一，如果一直以来能将那段经历封存起来，令其保持一片空白，为何在之后不行呢？为何不能封存那些发烂腐臭的东西，视若无睹地活下去呢？为何非要把它挖出来，影响周围的人，高声宣称那是创伤，自己是 AC 呢？这些都只会让自己与最亲近的人之间的关系渐渐恶化呀！

第二，当人们使用 AC 或性伤害来定性过去的经历，相当于是事后定性了。这样会不会反而导致过去的经验变得令人难以承受呢？如果将它说成"那只是比较严格的管教"，也许就能风平浪静地过一辈子，可它一旦被冠以"虐待"的名称，就成了痛苦的经历。另外，为什么只要涉及性，那种创伤就必须是更严重的创伤呢？那也许是命名的效果，只要不存在那种类别，人感到的创伤可能就会变得更轻微了。

对这种可能性，你怎么想？

信田 对前者，我们有"千年一梦醒""叫醒沉睡的孩子"这类说法。我认为，只要有了明确的自我意识，也就是有了发现之后，就再也回不到过去了。

上野 但不会有人认为，没必要特意叫醒沉睡的孩子吗？

信田 我觉得是孩子自己醒了，而不是什么人去叫醒的。

上野 但是唤醒孩子的有可能是 AC 热潮啊！

信田　有可能。但那有一个前提，就是自己确实拥有与之产生共鸣的经历。

上野　可是，只要不读跟 AC 有关的书，也许就不会发现自己是 AC 了。

信田　如果我们不去接触，刺激和刺激的受体就不匹配。然而，受体是确实存在的。受体存在的事实本身就会形成某种不协调，令人感到违和。这就是我的看法。

上野　原来如此。看来信息不可避免地会传达到需要传达的地方。

信田　我是这样想的。没有相关经历的人看了 AC 的书也不会有什么感觉。多数人最多只会想："哦，这样啊。"

"毁灭心理""毁灭心灵"

上野　从现代家庭论的角度看，在 AC 热潮中，几乎不存在看了相关书籍而不与之共鸣的孩子，由此可见它具有极强的普遍性。

信田　当然也有一部分人只符合其中一项，就认定"我是 AC"。其实除了那些判定项目，AC 的概念里还包含着一个前提，就是父母亲的加害性。能符合这个层级的人，应该会对书中的内容产生强烈的共鸣。

上野 但父母亲的加害性其实是父职和母职的加害性，并非碰巧成为父母亲的人所具有的人格加害性。

比如在大学这个制度中，不论其人格，只要站在导师这个位置上，就具有加害性。因为那是发生在制度中的权力关系，我也无法阻止学生会在我面前感到有压迫感。无论我多么注意自己的言行举止，他们都无可避免地会感到压力。

同样的事实是否也存在于现代家庭中呢？无关人格善恶，只关乎与职位捆绑的加害性。换言之，除此之外别无选择。或者说能够缓冲父母加害性的他者实在是太少了。如此一来，本来只是极为普遍的现象，不久前还被称为"父母之爱""爱的鞭笞"的东西，就被叫成了"AC"。这难道不是一种罪过吗？

信田 罪过？

上野 也就是说，在人们称其为"父母之爱"（当然，"爱"只是一个魔力词汇）时，它就是单纯的"父母之爱"（当然，这也是一个魔力词汇）。比如"妈妈虽然对我很严格，但那是因为她爱我"。

信田 不过将其视作罪过的人，都很抵触"AC"这个词。

上野 将其视作罪过的人？

信田 有的人认为"这个词打破了人们的幻想，真是罪过"。而她们有抵触的权利，所以会说"这个词真讨厌"；相反，也有人认为"我等的就是这个词""一点没错，没想到能有这么一个词肯定我内心的这个部分，真是太好了"。这些人都会接纳这个词。

上野　你说得没错。说到底，人会在众多选项中选择最符合自身想法的理论。

信田　理论不就是这样的吗？

上野　没错。理论家的作用就是增加人们的选项。

信田　应该很少有学者会这么说吧。

上野　有的学者似乎认为理论是"非黑即白的东西"，但我认为理论只讲究"是否符合一个人的需求"。关键在于它符合了谁的需求。

信田　能这样断言的人，恐怕少之又少吧。

上野　有可能。

信田　因为大部分人追求的是"真理"呀。

上野　那些人真的很喜欢真理。什么"真理"，什么"正论"，到头来背后都隐藏着某些人的需求，而他们只是没有察觉到罢了。

信田　"心理"（Psychology）和"真理"（Truth）都好有趣啊。

上野　同感。不过两者都是罪恶。

信田　的确是这样。

上野　我们竟然意见一致了。（笑）可以说是"毁灭心理／'对抗'真理"了。

信田　"毁灭心灵"。

上野　在性行为和非性行为之间制造了巨大鸿沟的，其实有可能是受害者本人。加害者在加害时，已经将其当作了一种特殊的行为。受害者自觉那是不可对外人言的、伴随着污名的行为。是受害者自己想要将它认定为"爱"。加害者固然也会使用"爱"这个词,但那不过是支配欲和占有欲的另一种说法。到了事后,受害者才会重新定义一直被隐藏在"爱"这个词背后的"现实"。

性行为被打上支配和占有的烙印,也是因为现代社会对性赋予了特权性的附加意义。在这一点上,受害者和加害者都不能脱离现代的性范式。

第八章

人必须具有社会性吗？

待婚女的困境

上野 我认为已经可以不用研究"40代"和"50代"了。活了整整半个世纪，无论选择什么样的人生，她们都只能为自己负责，而且也来不及从头开始了。不过，"30代"还来得及。所以我希望"30代"的女性都来读这本书。既然如此，最后就让话题回到"30代"吧。

信田 好，请吧！

上野 现在的"30代"非婚人士几乎都不是不婚者，她们应该算是待婚者。当暂缓期限耗尽之时，她们会怎么样？这些人其实面临很大的困境。因为能入她们法眼的男人，在这个时候基本已经"售罄"了。暂缓期限一旦耗尽，她们面对加入了婚姻制度、从属于男性的女性，会感到决定性的挫败。这就是所谓的"败犬"。

信田 那么，她们难道就没有希望了吗？

上野 这得问信田女士。

信田 问我？

上野 哦，也对，信田女士已婚了，是制度中的胜利者。

我目前在做的新项目是"高龄单身女性的生存方式"。进入超老龄化社会，女性或早或晚都会成为单身。这种时候我就得意了，因为在单身这件事上，我可是前辈。

信田 真好啊。

上野 这就是希望。"你们啊，还是单身的新人吧。"

信田 男人死得早，到头来女人都会恢复单身。

上野 虽不是必然，但女性活到最后的概率非常高。因为男女平均寿命相差了整整七岁。

信田 那些失去了丈夫的高龄妇女会定义自己为单身吗？

上野 就算不定义，她们事实上都是单身。虽然也有跟孩子同住的选项，但是种种案例已经证明了那样的生活有多么凄惨，所以经济宽裕的人反而不喜欢跟孩子一起住。

信田 但是在这种情况下，一直单身的人和"我结过婚、生过孩子，因为老公死了才单身"的单身人士之间会引发歧视吗？

上野 一般应该不会。无论离婚还是死了老公，抑或从来没有过老公，单身生活本身都是大同小异的。只不过，有孩子和没孩子的之间可能会引发歧视。因为用子女的成就来衡量女人的价值还是非常根深蒂固的习惯。能靠得住的孝子孝女是非常有用的资源。然而在超老龄化社会可能出现老龄逆缘[1]，也就是父母活到八九十岁，子女反倒先去世了。

所以我一直都说："瞧，你跟我没什么两样。""快回到这边来吧。"

1　白发人送黑发人的现象。（译者注）

信田　"我可以给你传授经验哦。"

上野　没错没错。"我是你的前辈哦。"如果遇到失去了配偶、整日以泪洗面的人，我会说："因为你把自己的人生完全托付在了另一个人的身上，没有分散风险，才会变成这样。"这就是希望。你说，这个希望行不行？所以啊，"只要活得够久，单身终会胜利"。

信田　不过对现在的"30代"来说，那还是非常遥远的未来。没有更近一些的希望吗？

上野　她们对自己的生物钟，或者说生育年龄的限制非常敏感。在失去结婚的选择后，她们之所以会为难，都是因为"生孩子只能趁三十岁，这是最后的期限"。所以从政策上说，应该为这些人提供"请放心成为单亲妈妈"的保障。

信田　我也有同感。不应该说什么"少子非婚"，把生孩子跟结婚捆绑在一起。如果不结婚也能生孩子，说不定就有人愿意生了。

不承认非婚生子的真正原因

上野　我在经济同友会的"创造新一代会"上说过："如果要认真应对少子化问题，就应该改变政策，谋求非婚生子出生率的上升。"一名男性马上赞同道："啊，我也认为应该这样。我们身边也有好多非婚生子。"另一个男的则说："那不就成了便宜男人的社会了吗。因为他们可以抛下责任逃跑。"我回答："你说得没错。男性作为个体得以免责。但是作为交换，通过重新分配男性集团的所得，他们依旧会承担责任，那就意味着其他男人抛弃的责任，最后要由你来分担。"

也就是说，育龄人口的男女要共同负担育儿费用。但是这样一来，保守派就会提出反对意见："这样违反道德。""男的会逃避责任。""女方也会不负责任。"

保守派最大的软肋，就是父权制。他们绝不能允许不属于自己的，或者说不从属于男人的孩子出生。

信田 男人好脆弱啊。

上野 他们不会这么说，而是用各种道德说辞来掩盖。然而，父权制的根基就是孩子的从属。这是父权制的权力规则，因为支配性权力的源泉表现为通过血脉证明自身的正统。

信田 心理学则助长了这个风气。因为他们研究的是父亲、母亲和孩子。

每次参加学会，肯定有人会说"这是父性的什么，这是母性的什么"，如果我问："你是什么意思？父性和母性都要具备吗？一定要抱团吗？"对方就会回答："那当然啊。"他们真的对此深信不疑。在非婚生子的问题上，他们可能也会沿用那些理论。如果没有父性和母性双方的参与，就无法养育孩子。

上野 我每次一说"要建立单亲妈妈也能放心养育子女的社会"，都有一些思想比较开放的男性表示赞同，但他们在表示赞同时，并没有深入理解我那句话的根本含义。让女人和孩子能够不从属于男人而独立生活，男人肯定不会答应。因为他们要为此负担成本，却无法行使父权。

歧视单母家庭的根基之处有什么

上野 目前，美国歧视单母家庭的根基，其实是道德多数派的异性恋主义（heterosexism，视异性恋为顺应自然的主义）。

信田 很严重吗？

上野 非常严重。而且对纳税人来说，单身母亲是社会的负担。他们还将其称为"福利底层"。

政治学家、韩裔日本人姜尚中是一位非常优秀的研究者。"9·11"事件发生后，他曾说过："世界已经从国家间的战争走向了公民战争的状态。"所谓公民战争，就是没有前线的战争。谁也不知道自己面对的人是敌是友。也许不知道什么时候就突然有了敌人。现在，身处某种教派的公民在美国国内就成了遭受攻击的对象。那么，下一个敌人会是谁呢？姜尚中对此有一个令我感到毛骨悚然的推测——他认为，福利底层将会成为社会的敌人。

在日本，与美国福利底层相对应的，应该是"家里蹲"和单身母亲。目前，单身母亲的数量在日本的增长速度并不算快。但是在美国，这个人群的数量正在急剧增加，其结果就是她们成了社会的负担。这里面还掺杂着种族与阶级的问题。如此一来，这个群体就成了道德多数派，也就是共和党支持者的批判对象。这是明显可以预见的。在日本，福利底层也渐渐成为内部的敌人。对领取生活保障的家庭展开的批判就是很好的例子。福利国家必定伴随着这种副产品。

信田 那么单身母亲在北欧的境遇如何呢？

上野 北欧还有别的情况，因此不能简单概括。但说到底，北欧各国正在逐渐收缩包括接收难民在内的公民权范围。

信田 "家里蹲"的问题在父母健在的时候并不会表象化，所以还好。

丈夫的根基、
父母的根基、子女的根基

上野 还是言归正传吧。进入"40代"，结婚已经不再成为人生的选择时，很多女性就会不约而同地回到乡下父母家。她们将会以看护父母晚年换取他们的资产。简而言之，生为女人，要么啃丈夫，要么啃爹娘，除此之外别无出路。不照顾丈夫的生活，就得回去照顾父母的吃喝拉撒。

当然这也要看父母的资产有多少。一旦看护时期延长，父母在去世前可能会啃光自己的老本。这个时候，女儿该怎么办呢？

这个时候，她们就成了没有资产、没有子女的单身人士。如果能保持正式雇用的工作，退休之后还有养老金，若是非正式雇用的临时工、兼职工、派遣工，她们老后就可能成为福利底层，甚至是无养老金人士。除此之外，有的人还不交保险。因为每月一万日元的保险费其实是很大的负担。所以父母甚至会为"20代"和"30代"的女儿缴纳养老保险。换言之，她们完全没有自立。

日本的非婚只是拖延，而非不婚。她们只是在混日子，"将来有了对象，我的人生不知道将会如何改变，所以现在规划不了人生"。这种行为只能称之为愚蠢。她们怎么会这样想呢？

信田 你这么说也太不客气了。

上野 好在我不是必须同情客户的心理咨询师，你就由着我说吧。

信田 我真希望她们别再把自己的人生赌在不确定因素上。

上野 那些人其实都觉得自己不用为自己的人生负责。她们觉得丈夫、父母和孩子总会替她们负责的。

信田 其实男人也一样。

上野 男人也一样啊。明明有经济实力，又被现在的制度保护得很好，却还要依赖公司、组织和权威。他们还依赖妻子，而且事实证明，男性相比女性，对子女抱有的幻想更强烈。你知道吗，回答"老后是否想跟子女生活"这个问题时，做出肯定回答的男性比女性多。

不过熬到最后，不只是女人，男人也都会变成单身。一旦成为单身，就没有谁为这些人负责。就算有子女，若是子女先去世了，结果还是一样的。啊，所以说人就得长命百岁。只要活得够久，非婚单女就能逆转获胜啊！

女性主义是女强思想吗？

信田 在这种情况下，作为"30代"女性的希望，女性主义具有什么样的意义呢？

上野 "30代"单身女性属于我们说的新自由主义的世代。新自由主义的关键词是"自己决定，自己负责"。用女性主义的"女性自立"观点来审视新自由主义时，就有了这样的关键词。可是这样一来，女性主义和新自由主义的思想都会被理解为女强思想。

当然了，在三十五岁之前如果有了小孩，会对女性的社会性造成不利影响，所以女强人都是注重事业的单身女性。遥洋子就是一个典型的象征。她们忠实于自己的欲望，通过努力和才干得到自己想要的东西。有人认为女性主义就是让那些强有力的单身女性拥有话语权。如此一来，就会变成"林真理子也是女性主义"了。

信田 我认为应该完全抹去"自立"这个词。它是最不可靠的词语。

上野 我也有同感。为什么我们竟会意见相同呢？

信田 来找我们的人动辄就说"我这个人不够自立"。这时我会问："自立是什么？我从来不用'自立'这个词。"或者问："那你是个依存型的人吗？"对方会回答："依存，还挺准确的。"所以我认为，"自立"这个词真的不好。

上野 而且那个"自立"的范本是男性范本。这就更糟糕了。

信田 可是，假设非要用"自立"这个词，那个成为范本的男人根本就不自立，还为了确认自己的所有权，专门去压榨依附于他的最年幼的女孩子啊。

上野 太坏了。

信田 我也是越听越来气，简直太过分了。

上野 "30代"女性怀有危机感的另一个原因，是她们都属于后均等法世代。为何女性主义的话语无法传递到她们那个世代呢？有人认为这是女性主义的责任，可我们在持续不断地发声，可见这并非我们的责任。所谓信息，只会传达到想听的人耳中。

我感觉，新自由主义的陷阱正张着血盆大口，等待那一代人落入其中。因为在"自己决定、自己负责"之前，即使只是幻想，也摆满了多种多样的选择。

我们这一代人没有选择。因为所有女人都遭到了歧视，我们只能联合起来。正因如此，我们有着共同的利害关系。可是现在，正因为有了选择，一些有能力、有智慧的女人就不去提携女性同胞，而是把能力和智慧用在超越其他女性之上。在这个世道下，女性主义不可能成立。

信田　听了你的话，我想到的还是进食障碍的女生。她们恰恰是落入了新自由主义陷阱的人。她们不得不面对人生的"自己决定、自己负责"，其恐惧令人心疼。"我学习不好，是因为我不够努力。""我没有想做的事情，是因为我没有上进心。""我这么无能，却原谅了自己的无能。""唉，我的负面情绪实在太多了。"……这完全是没有出口的杀人陷阱啊！

上野　这是时代的通病。

名为"自我实现"的幻想

信田　我在跟进食障碍的女生谈话时，最讨厌听到"我找不到想做的事情"。我说："你啊，为什么会觉得自己想做的事情能找出来呢？"

上野　就是啊。我也想这么说。

信田　我现在也只是认为自己在做想做的事情，但实际上，谁也不可能找到那种事。

上野　我也一样，一直说自己在当老师混生活，其实并不想当。

信田　这都是她们被母亲灌输的话语。那她们的母亲是什么年龄层呢？果然是"50 代"。

上野　就是我们这一代。

信田　也不知是被我们抛下了，还是没能顾得上……

上野　工作就是为了生存。把"混生活"和"喜欢的事"相混淆，是一种令人极度困扰的幻想。那种幻想是被村上龙《13 岁的 Hello-Work》(幻冬社，2003 年)煽动起来的。对付那种人，就应该这样说："你做事，人家凭什么付钱？当然是派上了用场，人家才愿意掏钱包，不是吗？既然如此，那就学点有用的东西。按摩也好，外语也好，只有为别人派上了用场，才能得到报酬。别指望做自己喜欢的事能拿钱。自己喜欢的事，就私底下去做。"

信田　家里蹲的孩子也会这样想。"我究竟想做什么啊？"

上野　把工作等同于自我实现，是彻头彻尾的幻想。

信田　其实我也很讨厌"自我实现"这个词。

上野　这是心理学家之罪。

信田　稍微有点聪明劲的女人都会这么说："我活到现在，还没有完成自我实现呢。"

上野　我真想说"我也没有啊"。

信田　是很想说。一想到这个问题就不得不感叹，现实果真是由语言构成的。

上野　信田女士也不一定真的想当心理咨询师吧。我觉得你应该是没有别的选择，最终喜欢上了这个工作。你必须牺牲自己人生的黄金时间，去为他人解决烦恼，并以此为生。所以你偶尔也会想买买谭燕玉的衣服，对吧。

信田 我是会买啊。

上野 是的，的确需要这些消费来消解郁闷。下次再一起去哦。

每次学生来找我问问题，或是别人来求我做事，我都会想，自己就是把宝贵的时间拱手让给别人并靠这个生活的。但我每次也会想，如果我不愿意，大不了辞职嘛。只要我不辞职，这就是我的生意。生意嘛，就当成生意好好做得了。

信田 大学老师说自己是生意人，这也太好玩了。

上野 生意就是生意，因为给别人派上了用场，因为迎合了别人的需求，人家才愿意打开钱包。我可是服务业人员啊。私立学校的老师都不得不树立这样的心态。不管他们愿不愿意。因为私立学校太严格了，不允许半点松懈。我以前在一个私立小学当老师时深刻体会到了这一点。私立学校的老师上课，如果学生听不懂，他就必须说："啊，不太明白是吧？抱歉，是我没讲好。"毕竟咱们没有资格挑选客人嘛。

替代"自立"的表述

上野 "信田老师，你说我该怎么办呀？信田老师并不要求我自立，是吧？可是依存好像也不太对。我到底该……"

信田 依存也可以。依存没毛病。

上野 啊，可以吗？"那我保持现状就好啦。"

信田 保持现状能满足你吗？

上野 "嗯，足够了。"

信田 那你就保持吧。

上野 既非自立也非依存。那究竟是什么？

信田 你猜"自立"这个词会在什么时候冒出来？在为自己找借口的时候，她们就会说"因为我没有自立"。那是用来否定现在的自己的。还有，在拿他人与自己比较，突出自己的时候，她们也会说"因为我没有自立""那个人已经自立了"。真要问"自立"是什么，她们就茫茫然回答不上来了。

上野 既不是自立也不是依存，当人们这样说时，你想象的是什么样的活法？就算话语不够明确也可以。

信田 嗯……大概是"坚强地活着"吧。

上野 我的想法特别简单。承认"我的能力有极限"，或者说有自知之明，就意味着在明白"我能做到什么"的同时，也清楚地明白"我做不到什么"。明白要将"做不到"变为"能做到"需要什么东西。如此一来，就算自己没有那个东西，只要有能力从别处得到就好了。

信田 但是在前面那一阶段，人还无法分清自己能做到和不能做到的事情。

上野 是的，所以才有你说的"自·分"，也就是"分·别"。如果不能"分·别"，就无法认知自身的界限。这是理所当然的。甚至不明白自己究竟在向他人寻求什么。

信田 你的意思就是心理咨询吧。

上野 是的。如果不明白自己在寻求什么，就算你提出"帮我想想办法呀"，别人也不知道该怎么样才能满足你。"需要"的法语是"besoin"，也可以翻译为"欲求"，如果用另一个译语来表达，那就是"缺乏"。

如果将自立视作自我完结，那就意味着自我的所有欲求得到了满足。我们都知道，这种自我完结是不可能实现的。"缺乏"是不可避免的。只要能够区分"自·他"，就明白自己能够满足什么，不能够满足什么，也就是明白自己缺乏了什么。缺乏并不羞耻。如果有所缺乏，那么只要掌握了能够通过外界来满足的能力，就足够了。

"如何才能有干劲"的疑问

信田 像 *SAY* 和 *MORE* 这种女性杂志……

上野 我还以为你在说女性史呢。发音相同所以理解错了。

信田 我为了混生活，为了宣传原宿心理咨询中心，常常为这种女性杂志的读者解答"这种时候该怎么办"。

每次我都会想,其实这些问题都是自我完结的。比如:"我变成这样是因为什么病吗?""我该怎么样才能提起工作的干劲?"所以我会用情况还原、关系还原的方法重新组织提问者的话语,将其转变为:"什么情况下工作提不起干劲?"但编辑部会非常为难。他们的意思是,读者提出了自我完结的问题,我就要给一个自我完结的答案。换言之,这里已经存在着一种意识形态的机制,去生成自我完结的提问。

上野 其实问题在于本人没有意识到自己想问什么,对吧?

信田 比如:"我无论如何都提不起劲工作时,该如何让自己有干劲呢?"

上野 如果是我就会回答:"所谓提问,就是在提问者提出问题时,她本人已经对这个问题进行了透彻的思考。你不是已经对自己的问题做出了解答吗?无论如何都提不起劲工作。有了这个答案,你还想让我说什么呢?"

信田 嗯,话是这么说。

上野 我真是太乱来了。

信田 你说得一点没错,提问的人其实最了解答案。但她想表达的是:"我提不起劲工作,但是我想有干劲。"这时候,心理学家就会回答:"你不如尝试一下这么做吧。"而我则不同,我认为"心理学能够提供激发人类干劲的方法"这个幻想本身更有问题。

上野　那这种时候你会怎么办呢?

信田　我会回答:"如果没有干劲,不如休息休息吧。"

上野　哇,好棒。

信田　我会说,人没有必要非去激发干劲。

上野　换我就不会说"不如休息休息",而是说"那不如别干了"。

信田　那是上野的风格。我会顺应女性杂志的风格回答:"不必勉强自己工作,休息两三天看看吧。"

上野　如果有人说"我对丈夫没有性欲",我的回答会是"那不如换一个"。因为道理就是这样啊。

信田　男性在这种时候应该会吃西地那非之类的吧。

上野　如果回答"不如别干了",就会激发不干了之后靠什么吃饭的问题。如果说"换一个丈夫",就会激发"该怎么找男人"的疑问。(笑)

"20 代""作茧自缚","30 代""自作自受","40 代""自掘坟墓"

信田　现在的"30 代"和"20 代"后半人士已经完全被自我完结的疑问和思考方式洗脑,最后还会不约而同地去寻找"治愈"。这是否也是新自由主义的陷阱呢?

上野 新自由主义就是自我完结的理论嘛。他们不会去思考问题本身会不会有问题。

信田 所以面对这种提问,我会感叹"原来如此",现在的年轻人都在用这些问题作茧自缚。

上野 真的是这样。过了三十岁,作茧自缚就变成自作自受了。

信田 那要是过了四十岁呢?

上野 自掘坟墓。

信田 过了五十岁,那就是自娱自乐了吧。

上野 过了五十岁的确可能是自娱自乐。如果真是这样,那还是不要剥夺它的娱乐性了。

信田 这样啊。先是作茧自缚,然后是自作自受、自掘坟墓,最后变成自娱自乐。是有这种人,过了五十岁还乐在其中。

上野 没错。所以那些人已经不需要别人出手相助了。

信田 举个例子,真的存在这么一种人,她一边干临时工,一边意气消沉,觉得"我的人生不应该是这样的"。临时工相约中午饭时,还会谈论"我觉得啊,为了真正的自我实现,甚至可以抛弃家庭"。

上野 "你要是想做,就去做啊。"

信田 告诉我这件事的,是一个"30代"后半,从进食障碍中恢复过来、重新投身工作的女性。她对我说:"那一刻我觉得,这样多么丑陋啊!"

上野　说得一点没错。

"可爱老太太"的意识形态

上野　最近我渐渐被老龄问题给缠上了。我真希望那些割腕的小孩子能跟卧床不起或老年痴呆的人多接触，感觉到"我的存在不需要别人的许可和承认"。因为那些没有用处、没有希望、无法自理的人都还活着呢。可是一旦他们问"那这些人是不是死了更好"，我就束手无策了。因为我说不出"他们的确死了更好"这种话，这样就有了一个疑问——我能怎么回答他们？

信田　心理学和精神医学等对人发起援助的学问都建立在一个前提上，那就是我们的生命周期中存在着一定的阶段，那些阶段可以被表述为自我实现、成功、应有的发展、成熟、不成熟等等。上野女士所说的话，可以说颠覆了一直以来人们对人类发展的看法。

上野　是的。

信田　我们有很多话语表述诞生到死亡的过程，听了你的话，我感到有必要暂时排除那些话语中被默默植入的价值观。上野女士，你很激进啊。

上野　毕竟最近开始考虑到老龄的问题……

信田 "我的存在不需要别人的许可和承认"啊……对我来说那就是希望。

上野 我对于人类必须具有社会性这个看法也持有很深的疑问。我活着为什么需要别人的认可？我为什么必须要对别人有用处？难道我不这么做，就失去了活着的价值了吗？

信田 这就是老龄反映出的现代发展论和精神医学啊。如果一直关注衰老的问题，就会发现世界观被颠覆了。嗯，原来如此。

上野 针对女性的老龄问题，日本存在着一种通俗的意识形态，那就是"想变成可爱的老太太"。如果不被爱，我活着就没有价值了吗？我才不在乎呢。最近面向老龄人士演讲时，我有一句话特别受欢迎。"有人说希望自己变成一个可爱的老太太，可是我从小到大都不可爱，今后也不可能变得可爱。"

信田 我听了肯定也要鼓掌。

上野 "我不可能突然变可爱。今后面对老人看护，老人必须争取无论自己可不可爱都能够得到平等看护的权利。"说出这句话时，现场反应特别热烈。

信田 你这句话的确很有冲击力。不愧是你啊，至今我都没见过哪个深入现场的人在老人看护的问题上做出这样的发言。

上野 你想啊，那些看护身体连反应都没有的重度障碍者的人，还有照顾痴呆症和卧床不起的病人的人，说的话一般都是"触及生命最深处"的话呀。

信田　但是与现实相对,就从来没有人明确指出"立足之地"这种概念是毫无意义的。

上野　有意思的是,去参加那种老年人的集会时,几乎每次都是男性站出来发表长篇大论,说什么"即使年纪大了,也要为社会发挥余热""我都做了这些有意义的事情"。真的,男人无论到了多少岁都难以理解。难道没有社会的认可,你就活不下去了吗?

信田　他们是依存性最高的人群。这些话明显暴露了男性依存于他人评价的本质。

围绕看护的十年变迁

上野　最近这短短十年,看护领域已经发生了令人难以置信的变化。

第一,看护者的第一顺位变成了配偶。由于老龄夫妻家庭的数量激增,夫妻双方都在世的时候,如果有一方需要看护,也只能单靠另一方尽力照顾。他们会竭尽全力不寻求子女的帮助。因为丈夫先倒下的概率非常高,老老看护到了最后往往会变成妻子单方面的负担。可是现在那个顺序被打乱,妻子先倒下的案例越来越多了。最近看护者的性别比正在发生改变,男性的比例缓缓上升了。而导致这一数值上升的大半原因,是老龄夫妻家庭中丈夫成为看护者的案例增多。

第二，另一个急剧上升的数据，就是女儿成为看护者的数量。女儿的婚姻情况并不造成影响。过去讲究"嫁出去的女儿泼出去的水"，都是儿媳照顾公婆，因此女儿还能逃离对亲生父母的看护责任。可是现在受到少子化的影响，无论是否嫁了人，女儿的看护责任都不会消失。父母对女儿的期待持续不变，而且对看护者的选择也渐渐地从儿媳倾向于女儿了。

第三，就是费用负担。现在基本上都由受益人来负担看护费用，看护人有了看护保险，而自己负担的那部分保险费基本都能被父母的养老金覆盖。这么做的前提是两代人的家庭收支独立。收支独立的原则在两代同住的情况下也变得越来越严峻了。不做超出父母经济承受能力范围内的看护。子女出力，但不出钱。所以没有钱的老年人今后将面临着很大的困境。

还有一点事关多个子女之间的财产分配，对看护要求回报的倾向越来越强了。

还有，从数据可以看出，不管是否同住，只要有了主要看护者，其他人几乎不会帮忙看护。一旦某个人成了主要看护者，那么所有责任都会落到那个人头上，其兄弟姐妹和其他亲属都不会参与。所以主要看护者的负担非常大，并且很容易被孤立。

"赌气看护"的牺牲者们

信田 这种现象对日本的家庭观念造成了什么样的影响呢?

上野 其实是家庭观念先发生了改变,才导致了这样的后果。看护不再是一种无偿的行动了。

信田 不仅限于看护吧?

上野 人们对自己的子女,不也是有条件地关爱吗?符合期待就给钱,不符合期待就甩手不管。他们对自己的父母,算盘打得就更响了。

信田 这是不是因为上一代人以爱为借口强制他们做了许多无偿的行动,从而激发了逆反意识呢?

上野 我觉得应该是少子化的影响。比如佐江众一的小说《黄落》(新潮社,1995年)中登场的妻子是"60代"。"60代"的女性都以儿媳的身份完成了对公婆的看护,很少出现舍弃公婆,或因为看护负担过重而离婚的案例。可是这些咬牙坚持看护的人心中,其实有一股"我不能被人指指点点,说我这个儿媳不地道"的赌气心理。她们的看护并非出于亲情,所以我将其命名为"赌气看护"。

赌气看护不是为了对方,而是为了自己。所以,那只是让自己

"顺心"的看护，很难确定被看护者是否得到了满足。

信田 来找我们做心理咨询的人，就有很多是赌气看护的牺牲者。

上野 果然有牺牲者啊。请说说具体案例吧。

信田 这个案例我必须要说说。曾经有一个儿子药物成瘾的母亲挺着胸膛对我说："我送走了我的公婆。"感觉她把那当成了两枚光荣的勋章。至于她的孩子，只能排在第二位。她当然认为自己很努力了。在儿子的成长阶段，由于婆婆一直卧病在床，她一直拼命看护，不让婆婆长褥疮，甚至她的丈夫也赞许她的这种行为。

上野 我问问啊，当她挺着胸膛说"我送走了我的公婆"时，后面是不是跟着"你得夸夸我"？

信田 当然是的。一般人听了都会夸她："你真不错，真是个好儿媳。"但是一星期后，她儿子就自杀了。自己的母亲一直忙于看护祖母，并因此长期处在筋疲力尽的状态，整天唉声叹气、眉头紧皱。就这样，孩子成了赌气看护的受害者。

上野 这就是受害者在遭受漫长的折磨之后成为加害者的典型案例啊。

信田 正是如此。如果只关注看护，那么子女那一代人就会被割离出去，然而那一代人是真实存在的，所以就不断出现受害者。

上野 赌气看护的人往往连子女的帮助都不接受。正因为这样，她们使子女成了受害者。

信田 所以当我听到"赌气看护"这个字眼时，不由得感到毛骨悚然。

上野 是很毛骨悚然。我最近开始以老年人的视角展开思考，渐渐觉得接受赌气看护的老人也很无奈。因为赌气看护不是"我做你希望我做的事情"，而是"我要看护到自己顺心为止"。

信田 我知道一个人，她十五年间一直往返于东京和秋田，就是为了看护自己的母亲。送走母亲后，又继续看护父亲。那个人嘴上说"你看我照顾父母这么卖力"，实际却跟被看护的父亲的关系坠落到了冰点。有一天，她突然悟到"看护是为了谁"这个问题。后来，她就有意拉开了与父亲的距离，不断思考"这个人是否真的愿意接受我的看护""我真的想看护自己的父亲吗"的问题，就这样，她和父亲的关系渐渐好转了。

上野 如果用赌气看护的视角来看待这个故事，那就是"老人想要的看护"和"看护者想做的看护"并不对等。

信田 没错。可是一个人在进行赌气看护时，并不能察觉这个问题。

上野 因为那是以自我为中心的行为啊。那么做都是为了自己。

"子女反哺"的发言不可原谅

上野 家族史也是历史，而背负着历史的关系，很难做到"泯灭恩仇"。必须重新审视"家人看护最好"的这种想法，因为家人看护无论从当事者的心理还是看护质量来看，都不能算最好。如果不从这里出发，看护保险的理念就无法成立。正因如此，我们不能容忍"子女反哺是美德"的发言。

信田 看护就是从关系性出发的。就算父母得了阿尔茨海默病，一直憎恨父母的孩子也不会突然与之和解。在将要触碰母亲身体的瞬间，身体会不受控制地抗拒。然而悲剧在于，事情并不至于"哎，原来我会抗拒呢"。一边是接受了被社会常识灌输的自己，一边是无法触碰母亲的自己，她们自责"我真是个不孝的女儿"，同时怀疑"我是不是有什么问题"。有很多人就是带着这种问题来找我做心理咨询的。

上野 说一个我熟人的经历。她要照顾自己恨得要死的公公，想去把人家抱起来，身体却抗拒触碰。于是她不得不保持身体距离，这样腰部的负担就特别重，最后弄伤了腰。实在没办法，她就凑近一步，贴着公公的身体把他抱起来，最后总算没什么问题了。经历过这些后，她深深意识到自己的身体有多么抗拒公公。

信田 但是看护躲不过身体接触啊。

上野 没错。说到看护关系，绝大多数都是夫妻之间的看护。这么一来就会出现很多问题，比如无性生活的夫妻，还有家暴的夫妻之间能否完成身体看护。

信田 这真是个问题。非逼他们发生身体接触实在太残忍了。我觉得应该做个筛选，比如："我们会对你的回答绝对保密，请你实话实说，想不想做这个人的看护。"只有在回答"是"之后，才让其看护，同时保护说"不"的权利。

上野 但根本问题在于看护者的选项只有一个人。如果不加入其他人制造复数选项，那就行不通。

啃老亦枉然，十年即破

上野 从社会规范的角度来说，由赌气看护支撑的日本媳妇的道德观在"50代"以下的女性中已经中断了传承。其原因在于，女性的美德与女性的价值规范已经解体。"女人味"的核心是优先他人的利益，现在已经不是这样了。因为受到少子化的影响，家长们把女儿也培养成了以自我为中心的人。她们接受的教育就是"自己的幸福最重要"。当然，儿子早在很久以前就是一群以自我为中心的"暴君"了。

信田 这种家庭观念的变化为何没有引发跳脱婚姻、独立形成"自我"的现象呢？

上野 我也有同感。父母对子女的馈赠已经发生了变化。与之相关的，就是少子化以及战后经济的变化。之前提到过，现在的"60代"就是被啃老族啃的那一代，也是经济高速成长期的最后一批受益者。他们的馈赠包括了正面的馈赠与负面的馈赠。现在，亲子关系中的馈赠发生了变化。父母不给孩子负面的影响，不给孩子造成负担，或者说不妨碍孩子生活，就是最大的馈赠——流行这种观念的时代，早就已经过去了。

信田 现在没有负面的馈赠吧？

上野 基本没有。然而，子女们都把父母的正面馈赠当成了理所当然。因为父母已经拥有保持正面馈赠的经济实力，又受到了少子化的影响。还有一个原因，就是刚才一直谈论的，父母对子女的占有意识。

我们团块世代[1]中，回答"老后想跟孩子一起生活"的母亲特别多。父亲也很多。（笑）他们不想独居，而是希望依存于子女。为此，他们就要看子女的脸色，子女要买什么都答应。与之相对，子女又在物质至上主义中度过了被消费文化影响的人生，花父母的钱时毫不犹豫。而子女对啃老的行为丝毫不觉得内疚，反倒带有"啃老是为了老人好"的看法。因为他们早已看透，父母想紧紧抓着自己不放这一点。

上一代的父母为了不给孩子造成负面的影响，都会选择自我牺牲。所以一边是父母心甘情愿地奉献，一边是子女将正面的馈赠当作必要前提，并在此之上构筑自己的生活。啃老族自然不必说，连一些

---

[1] 是指在日本上世纪60年代中期推动经济腾飞的主力，是日本经济的脊梁，专指日本在1947年到1949年之间出生的一代人，是日本二战后出现的第一次婴儿潮人口。（译者注）

新婚夫妻，也理所当然地认为刚结婚时父母应该替自己承担房租，甚至给自己买房子。

信田　我们究竟是什么样的一代人啊？

上野　我们这一代人，是父母没有拖后腿就得感恩戴德的人。我们得以来到大城市，一心只为自己的生活做打算。

信田　会不会也是有意识地逃避了负面的馈赠呢？

上野　我认为两方面都有。所以我们这个世代，都对父母怀有一定的内疚。

信田　那种内疚最后转化成了对子女过剩的正面馈赠，的确可以这么说啊。我会忍不住想，为何要为子女做到那个地步呢？那就是说，在日本的经济高度成长时期，舍弃家乡来到东京打拼的一代人，心甘情愿地让子女啃老吗？

上野　啃老族的父母年龄还要再大一些。我们这一代人经历了1990年以后的经济大滑坡，是被提前退休和中高龄裁员问题正中靶心的世代。我们才没有那么天真。就算想讨好孩子，也没有一直讨好下去的资本。

信田　那么啃老族也是昙花一现了呢。这样的人迟早会消失。

上野　当然。再过个十年，父母时代的资本就要瓦解了。

信田　随着经济高度成长期尝到了最后一口甜头的那一代人离去，啃老族也会渐渐消失。

上野　所以那些啃老族在十年后就会变成一笔坏账。

信田 原来如此。从啃老变为坏账。

上野 照这么看来,我们不能指望世代之间的互助,而要积极探索世代之内的互助。换言之,就是把希望寄托在超越血缘与家庭的关系上。

信田 这样啊。我每天做的心理咨询可能也为那种关系的建立出了一份力呢。

文库版特别对谈

十年后……

上野　上次对谈大约在十年前，请问这本书在出版后，获得了什么样的反响呢？

信田　我这个行业几乎都是与女性主义和女性学无关的人，几乎所有人的反应都是"哇，你跟上野千鹤子做了对谈"。客户很照顾我，什么都不说。倒是一些同行纷纷跑来对我说"笑得肚子痛"，或者用"一泽帆布和路易威登""一本主义与一穴主义"开玩笑。（笑）

上野　啊哈哈哈。（笑）怎么都是些不重要的细节啊？

信田　我们做心理咨询时也经常出现记不住关键的内容，反倒对客户不经意间说的一句话印象深刻的情况。其实二者是一样的。

上野　重新翻开这本书，我发现咱们俩都说了不少毒辣的话呢。

信田　是吗？我从来都不觉得上野女士毒辣啊。

上野　你是否觉得毒辣并不重要？（笑）关键咱们俩是互相信任、可以敞开心扉的关系,所以很容易毫无防备地说出在别处绝对说不出来的话。

信田 是这样的!我们说了好多"真想揍扁她们""好可怕"这种话呢。(笑)

上野 这本书出版时,受到了未婚且非正式雇用的年轻女性的批判。她们说自己带着救命稻草的心情翻开这本书,没想到竟被批得一无是处。她们批判的点在于,书上写了"不结婚且无正式雇用工作的女性正在逐渐变成不良债权",却没有写"正在变成不良债权的我们到底该怎么办"。现在十年过去了,经济越来越不景气,单女所处的境遇也发生了极大的变化。

信田 当时的"30代"女性现在已是"40代",从某种程度上说,她们的现状正如我们的预料。

上野 这个问题我们过后好好聊一聊吧。

"60代"夫妻还是老样子?

上野 现在十年过去了,我们按照世代的划分,聊聊每一代人的现状如何吧。

信田 跟上野女士谈话真是太轻松了。你负责安排,我只需要畅所欲

言就行。（笑）

上野 要不先从信田女士最拿手的熟年夫妻问题开始吧？（笑）

信田 好的。其实与其说是夫妻问题，不如说是丈夫问题。这跟以前还是一样的。我觉得最近的报刊实在让人恶心透顶。你就说那篇面向"60代"退休男性的性爱文章，那是怎么回事!? 电车上的吊环广告全是那个，简直恶心死了。你们这帮人退休了，泡不到新女朋友，也发挥不了余热，最后只剩下性行为，而且对象还是老婆！那篇文章表达的就是这个意思。

上野 我在2011年1月15日的《朝日新闻》周六版《烦恼的坩埚》栏目中，也回答了一个临近退休的男性对妻子早已没有感觉，却不知该如何处理性欲的问题。他没有钱也懒得花精力，更没有那种能力，那不就是想在身边寻找不需要征求同意的"强奸"对象吗？

信田 就是啊，那些人要靠养老金生活，肯定没什么钱。他们像工蜂一样辛勤工作，退休了却只有那个吗！一想到这里，我就真的恨铁不成钢……

妻子是家庭内性爱的弱势方

上野 信田女士的咨询中心有没有因为"幻想复兴家庭内性爱的男人"而成为弱势方的妻子?

信田 有很多!真是太惨了。男的在书本杂志上学来的东西,妻子基本都很抗拒。如果他们只是往报纸专栏投稿倒还好,但很多人直接去找律师咨询,回来威胁妻子"没有夫妻生活可以成为离婚的条件"。威胁妻子不服从就离婚,这不是暴力是什么?所以有好多气得浑身发抖的妻子对我诉说:"都这种时候了,他倒想起夫妻生活了。那之前的三十多年都算什么?我真是太不甘心了。"

上野 说白了,他们认为妻子等于附带性服务的家政工。那些丈夫在自己手握地位、金钱和名誉的时候可以在外面找女人,退休靠养老金生活了,就跑回来找妻子了?

信田 就算事实如此,他们也矢口否认。他们会对妻子说:"还有这么漫长的老后生活,我们齐心协力度过吧!顺便来点有意思的性爱,也去泡泡温泉吧!"妻子听了只觉得毛骨悚然。如果她们敢说跟女伴出去玩更舒心,势必会造成矛盾,于是只能不情不愿地跟丈夫去温泉,晚上就装个病什么的应付过去。

上野　毕竟一把年纪了，不能靠来月经这个理由遁走。（笑）

信田　一旦过了更年期，就没有冠冕堂皇的拒绝理由，女人真是太难了。（笑）不过单纯说"不"却不被接受究竟是怎么回事啊？

上野　那个嘛，对男人来说，相当于整个人都被否定了呀。

信田　对许多妻子来说，丈夫一整天待在家里是一种从未探索过的生活方式。再加上本来自己睡得好好的，现在却有男人像突然从冬眠中醒来的狗熊，拉开门就往自己身上压，这也太恐怖了。

上野　狗熊啊。（笑）有人认为，那个世代之所以离婚率较低，是因为夫妻分房睡，相当于家庭内分居的状态。

信田　原来如此。因为没有性爱，所以离婚率低吗？

上野　没错。如果有性爱，肯定就忍不下去了。

妻子的愿望

信田　哦对了，到我那里做咨询的夫妻里，无论"30代"还是"40代"，无性生活的一定都是关系很好的夫妻。是不是很多人只在想要孩子的时候发生性行为啊？

上野　年轻人应该变成这样了。但是"60代"以上的人群除了性行为没有别的娱乐。

信田 所以他们是现在最性欲贪婪的世代吧。毕竟他们曾经是出国买春、用钞票拍女人脸、最没有情趣的世代。

上野 当他们的行为对象变为妻子时,那些熟年妻子该怎么做?

信田 离婚的风险太高了,只能盼望丈夫早早死去。

上野 妻子希望丈夫早死!果然正如北原美野里所说,听说网络检索关键词排行中,"丈夫""杀""死"排名很高呢。

信田 我还见过一位女士满心欢喜地说:"老师,我丈夫得了糖尿病。我打算让他每天吃对身体不好的东西,花个一两年弄死他。"那个世代的男性大多一点家务都不会做,只能任凭妻子摆布。就算他们有遭到报复的危机感,也没本事自己做糖尿病食谱。

上野 2007年,日本政府制定了离婚时的养老金分割制度,但是现实证明,这个政策对熟年离婚并没有什么效果。因为它规定养老金分割的比例与婚姻生活的年限成正比,最大分配额度是二分之一。与之相对,遗属年金是越给越多的,甚至可以达到总额的四分之三。也就是说,无论日子过得多么痛苦,只要能送走丈夫,就能得到回报。我只能说这就是老头儿们想出来的诱导式政策。专家们此前还分析,一旦年金分割制度成立,熟年离婚就会增加,后来证实完全没有。

信田 如此一来,就真的只能默默盼望着丈夫早死,好早点领遗属年金了。

上野 居住也是个很大的问题。由于房子写的丈夫名字,一旦离婚,妻子就得搬走。相对的,如果给丈夫养老送终,动产和不动产就都归妻子。

信田 那些丈夫真的特别笃定，知道妻子会给自己送终。而且他们都知道自己绝对会先死，真是太不要脸了。

上野 在我看来，男人在面临危机时有三大战略，一是"否定"，二是"逃避"，三是"嗜癖"。第一，他们会否定对自己不利的现状，不愿承认。第二，他们不愿意看也不愿意听，只选择逃避现实。第三，他们逃避的终点，就是酗酒、赌博、玩女人、吸毒。无论哪一代人，男人的三大战略都惊人地一致。所以与其说他们相信妻子会给自己养老，不如说他们不想睁眼看，不想用脑子想，不想听见事实真相。

信田 中高龄的母亲也一样。她们否定和逃避现实，痴迷于女儿。比如女儿生了孩子，她们就会异常热衷于谈论这件事。那些控制欲强的母亲，几乎都不知道自己有这种毛病。

上野 太可怕了。

"60代"的父母与"40代"的子女

信田 刚才说的那一代人的女儿，就是现在的"40代"。她们的反应一般都是："搞什么鬼啊!?"然而，她们的母亲为了顾及体面，不能像男人那样赌博、饮酒，只能缠着年轻又有将来，而且"很听我话"的女儿了。

上野　正在接受非婚子女看护的老龄母亲也身处同样的现实呢。她们只想着熬过现在，至于子女在自己死后怎么样，她们想都没想过。

信田　这样一来，她们对看护的要求就会变得特别以自我为中心了。人到了临终的时刻，都会变得无比自私。

上野　在这一点上，那些号称"我才不需要你照顾"的父母反倒好些。不像那些接受啃老的父母，他们从不会思考自己的动产、不动产都消耗殆尽后，孩子该怎么办。真的很奇怪，为人父母者为什么不要求子女独立呢？

信田　其实就是为了家庭安定而牺牲了子女。那种父母经常说："是孩子没有主动要求独立。"可他们压根儿没有创造帮助孩子独立的条件，只是在推脱责任罢了。

上野　那些父母其实并不希望子女独立吧。

信田　因为维持现状最好。支撑了经济高度成长的那代人自身的夫妻生活空洞化，只能靠现在的"30代"和"40代"子女来填补。他们把孩子当成拐杖使唤。

上野　他们的子女把一切看在眼中，难怪会不结婚。

信田　他们会变得只能考虑当下，有资本就先花着再说。"30代"和"40代"的想法真是太有意思了。

不考虑将来的"40代"

上野　那么我们再来聊聊"40代"吧。

信田　无论已婚还是未婚,现在的"40代"都刻意不去考虑自己的将来和父母的看护问题。仿佛都想着"暴风雨总会到来,但现在还是晴天"。他们好像只会考虑两三年后的事情。

上野　有人认为,现在的"40代"是特殊的世代。他们经历过泡沫经济的荣华,一辈子都沉浸在那种感觉里,最后为父母的衰老感到惊愕,也为自己的衰老再次感到惊愕。而他们之后的"30代"和"20代",都会以冷漠的目光审视着这一代人。换言之,这并非年龄问题,而是世代问题。你对此怎么想?

信田　这个看法的前提是将泡沫经济视作一个特殊的时期吧。

上野　没错。那一时期是否走上社会,也有很大的不同。学生几乎没有享受到泡沫经济的利好,OL则得到了不少好处。她们得以脱离家长的经济掌控,也有过奢侈的消费。

信田　我其实到现在都不太明白"泡沫世代",感觉有点像童星呢。他们得到了与自身能力不匹配的奖赏和薪酬,目睹了盛世荣华,并认为此后的人生如同嚼蜡。

活出自我的"40代"母亲

上野 那些疯狂逼孩子读书的虎妈,或者说 VERY 杂志代表的世代,就是泡沫世代。据说从那一代人开始,育儿观发生了很大的变化呢。

信田 没错,是发生了很大的变化。她们都是"活出自我的母亲"。结婚、生子、逼孩子读书,这些事情她们都做,但全是为了自己。

上野 跟以前的虎妈不一样吗?

信田 简而言之,她们不像现在的中高龄妈妈那样声称"是为了孩子",而是毫不掩饰地坦言"是为了妈妈"。她们会对孩子说:"你为什么不为了妈妈努力呢?""你考这样的分数,妈妈很没面子呀!"

上野 会不会只是"为了你"的话术变成了"为了我",其内涵从过去到现在都没有改变呢?

信田 正是如此。其内涵从过去到现在都是"为了我"。但是以前的人都只能将其表达为"为了你",因为她们没有别的话术可以选择。

上野 原来如此。内涵被曝光出来,这的确是很大的变化。她们说"为了妈妈"时,其实很清楚那句话对孩子的作用有多大吧。

信田 那些要求孩子"为了妈妈"努力考上好学校的母亲,同时十分在意孩子是否喜欢自己。

上野　来到我课堂上的学生，就是那样的孩子。他们"为了妈妈"不知默默吃了多少苦。

信田　搞不好他们的妈妈也是不知默默吃了多少苦的孩子呢。托儿所和幼儿园的老师都会说类似于"那个容易受伤的'40代'妈妈"的话。

上野　容易受伤？她们会主动明言"我受伤了"？

信田　没错，真的会。而那句话其实是一种攻击。假如看到幼儿园的联系手册上写着"某某小朋友的指甲有点长，今天老师给剪掉了"，那可不得了，那是对母亲的谴责！这种想法一旦极端化，就会演变成魔鬼家长。

上野　借用斋藤环的说法，不只是儿子，连女儿也"没有阉割[1]"。姑娘直接成了妻子，又直接成了母亲，中间只发生了身份称呼的转化，而没有心理上的角色转化，所以被别人说点什么她们就很容易受伤。

信田　是的。我不知道那能否算作"泡沫世代"的特征，总之我目睹的母亲形象越来越暴烈了。有的母亲一旦受伤就会爆发——"凭什么都怪我！"丝毫没有成熟的应对。

1　阉割：弗洛伊德的用词，指通过社会制约压抑自身的欲望。

局外人丈夫与姑娘联盟

上野 丈夫也有变化。在此之前,针对那些没有经过阉割就成为妻子和母亲、姑娘脾性十足的女性,最大的阉割者就是她们的丈夫。可是现在的年轻丈夫们却没有那个本事。

信田 当然也有希望得到阉割而走进婚姻的女性。

上野 婚姻本身就是对女性的阉割,这点从过去到现在都是不变的。因为婚姻意味着女性在社会上失去活跃的场所,或是失去收入。那么,究竟是什么发生了重大的改变呢?其实是女性在选项增多之后,社会学上所谓的"相对剥夺"感比以往更强烈了。如果大家都过着同样的生活,那就不必攀比,可是到了"40代",一直坚持工作的老同学跟自己之间就形成了巨大的差别。成为家庭主妇的女性会因此受到社会的阉割。

信田 为了弱化阉割的效果,娘家母亲会一直把女儿当成姑娘,这相当于母亲和女儿的共谋关系,你不觉得吗?

上野 我特别有同感。这就是隔代的姑娘联盟啊。夫妻搬新居时住到女方娘家附近的鳟夫现象[1]依旧存在，丈夫被母女俩缔结的姑娘联盟排除在外，采取不关心、不干涉的态度，因此无法对妻子进行阉割。而处在这一状态的男性有时会忍无可忍，演变为家暴……这样解释会不会太好懂了？

信田 这种现象并不局限于"40代"，而是普遍存在于所有世代。因为丈夫也没有得到阉割。他们结婚并不是为了阉割，而是为了变回小男孩呀。

中产阶级的瓦解改变了家庭

上野 在上一个时代，美国出版了一本书叫《没有童年的孩子们》（*Children without Childhood*，玛丽·温妮著）。作者认为，孩子被剥夺童年有两个关键词：一是钱，二是性。也就是说，家长可以跟孩子商量很多事情，唯独不可触及家庭经济情况和夫妻间的性生活。你认为这个规则现在被打破了吗？

信田 被打破了。而且随着贫困化的发展，这个问题正在变得越来越显著。

1　鳟夫现象：以日本国民动画片《海螺小姐》角色命名的现象，指婚后夫妻与女方父母同居。

上野　哦，原来如此。

信田　性问题已经暴露无遗了。我认为，这也导致了性伤害和某些虐待的增加。有人说"虐待是为了管教孩子"，但我还是认为，这是将孩子视作了跟自己对等的人。你说现在的父母都没有受到阉割，二者其实是互为一体的。父母没有意识到自己还是孩子，却不允许孩子当一个孩子。

上野　你这样说简直太好懂了。不愧是信田女士！

信田　能得到上野女士的夸奖，我好高兴哦！（笑）

上野　正如社会史学家菲利浦·阿利埃斯所说，"童年"并非现代的发明，而是中产阶级的属性。

信田　没错，现在那个属性没有了。

上野　哦，果然如此。中产阶级已经完全瓦解了呢。

信田　同时，贫困阶层也产生了极度的混乱。一个象征就是母亲可以面不改色地卖女儿的内裤，或是让女儿卖身吃回扣。儿童援助中心等机构会频繁遇到这种案例，但是在社会学研究层面，这种现象尚未被理解为中产阶级的瓦解。

上野　二战之前也存在贫困，而且过去的贫困更严重，甚至会把女儿卖给妓院。那么，过去和现在有什么不同呢？可以说，过去的贫困存在着由贫困文化支撑的弱者的共同体。文化必定会形成集体，为了让贫困文化成立，必须有一个弱者的社群。

　　以前的家庭不是孤立的，孩子即使受到了虐待，也一直有逃避的地方。孩子之间也会形成同盟，并且具备了逃离的智慧。可是现在，他们只能求助于公共机构。

信田　现在有了手机和网络，贫困的社群非但没有发展，反倒是贫困导致的性产业越来越发达了。无论多么贫困的人都有手机，能够接触网络，还能看到收留出走少女的网站，连逃避的地方都变成了一种生意。女孩子逃家后遭到强奸甚至怀孕的案例数不胜数。

上野　嗯……对于家庭这个存在，不得不认为在现代已经不复存在了呢。

"结婚条件"发生巨变

上野　"40代"既有非婚人士也有已婚人士，虽然非婚人士数量增多了，但依旧是少数派。这一代人是"败犬"的人口学先驱。男女两性的非婚率都居高不下，有人预测，"40代"男性每四人中就有一人、"30代"男性每三人中就有一人终身不婚。女性的数字会稍微低一些，但也会出现与男性成一定比例的终身不婚人士。有趣的地方在于，根据这些数据很难预测现在的"20代"会不会触底反弹，使结婚率反而提高。总而言之，"40代"和"30代"的非婚化如同狂涛巨浪，这两个世代将来结婚的概率可能也非常低。

非婚人群的非正式雇用率奇高无比。所以结婚/非婚的比例和正式雇用/非正式雇用的形态有着可怕的对应关系。一个名为家计经济研究所、几乎要被废除的政府外围组织正在做一项极为麻烦的调查，就是对一群年龄为二十五岁到三十岁的女性展开为期十年的跟踪调查。

信田 好厉害啊，那不是很好的存在意义吗？

上野 对，研究所也是有意义的。他们调查出了一个简单得惊人的结果。这个调查分析了十年前开始追踪的单身女性的数据，发现正式雇用者的结婚率和生育率都比非正式雇用者更高。也就是说，结婚和生育的条件，就是"女方"是否具备稳定的经济条件。

如此一来，解决少子化的正确道路就昭然若揭了。只要给女性提供正式雇用的岗位就行。可是现在，雇用的现状正在朝着完全相反的方向发展，所以少子化就变得理所当然了。从结果来说，由于非正式雇用的增加，即使人们的结婚意愿很高，结婚率却持续低迷，而且这些人的年龄层还在不断上升。她们从"30代"变成了"40代"，很快又要进入看护父母的年龄。她们始终保持单身，而正式雇用的机会则进一步远离……

信田 真是很有冲击性的数据啊。

上野 研究者将这些数据总结成了《女性的平成低迷》（樋口美雄、太田清、家计经济研究所编，日本经济新闻社，2004年），我们来看看最后一页吧！那些文字太可怕了。"经过调查和分析，我们得到了一个女性群体的形象。她们确信孩子的将来一片黑暗，生活在慢性化的不安情绪中，不得不忍受每日的煎熬。她们对将来如此悲观，又如何养育下一代？她们究竟该如何生存？"这就是书里的结语！

信田　那也太可怕了！

上野　太令人绝望了，不是吗？这本书很重，但我就是想介绍这一节，专门把它带来了。我在研究生院的研讨会上也让学生读过这本书，年轻人的反应都是：那到底该怎么办啊？

啃老单身族现在怎么样了？

上野　无论什么样的社会变动，新浪潮都是一群能动性强的人最初刻意做出的选择。一旦选择的人变多了，后面也会出现被动的人。拿"败犬"举例，酒井顺子那一代先驱人士都是有选择地成为"败犬"，后来就出现了被动的人群，即便想结婚也无婚可结。之所以会有这些"被动单身族"，是因为单身的难度降低了。

在此之前，支撑这群人的都是父母的资本。但是根据家计经济研究所的数据，这十年来，啃老单身族已经发生了改变。从1993年到2003年这段时间，二十五岁到三十五岁的年龄层经历了什么？答案就是自己的收入减少，投入父母家庭的资金增加，家务贡献度提高了。

换言之，她们的父母也渐渐走向穷困，孩子的收入虽然比十年前减少了，却不得不投入更多的钱支撑家庭，还增加了既然待在家里就要做家务的要求，再也不能像以前那样当个优雅的单身贵族了。也就是说，现在的啃老族就算想离开父母家，她们也走不了。以前她们自己赚的钱几乎都是可自由支配财产，然而现在不是了。

信田　听你这么一说，我想到了很典型的案例。过去啃老族的一个典型模式，就是航空公司国际航线的头牌飞行员家庭。一家人因为父亲的收入过上了极其舒适的生活，但是父亲的工作关系到乘客的性命，其家庭内部的气氛又十分紧张。孩子们命好的，以后是啃老族；命不好的，好多都得了精神分裂症。

现在是个连 JAL[1] 都会破产的时代，比较典型的例子就是父母亲日子过得紧巴巴，父亲酒精中毒死了，啃老在家里蹲的儿子在便利店打零工，每月给家里交三万日元伙食费……儿子休息日就埋头打游戏，有空了就洗洗碗。上野女士刚才说的数据跟现实完全吻合，我都吓了一跳。

上野　这种数据有着无可辩驳的说服力。

---

[1] JAL（Japan Airlines），日本航空公司。（编者注）

非正式雇用的非婚女性后来怎么样了？

上野 有一群人身在重视贫富差距问题的社会中，却成了漏网之鱼，被人视作不存在的人，那就是非正式雇用的非婚女性。为什么呢？因为在官方层面上，那些都是"待婚人士"。换到以前，她们被叫作"帮忙做家务的"。非婚女性住在父母家中，平时只打打零工，这曾经是理所当然的事情。那些人因为"被动单身"熬到了四十岁，同住的父母逐渐步入老龄。父母开始依靠养老金生活，失去了经济上的宽裕，又逐步进入需要看护的阶段，这时无论男女，最被优先考虑的看护者都是与之同住的非婚子女。对父母来说，这是求之不得的好事，而对子女来说，为了看护父母可以比较容易地放弃工作，或者干脆被赶出职场，成为依靠父母养老金生活的人。虽然不用担心没地方住，但是长期的看护生活难以避免会发生一些问题，最终导致虐待……

十年前我做过预测，"不结婚且无正式雇用工作的女性正在逐渐变成不良债权"。现在，那个预测已经慢慢变成了现实。那些人的父母即使遭到虐待，也只能求着子女为其送终，可是在那之后会剩下什么？当然是一群低年金甚至无年金，也没有家庭和房子的中老年人。

信田　斋藤环最近在围绕社会性"家里蹲"的演讲中,也会结合理财规划师的观点提出问题。也就是说,那些"家里蹲"今后面临的最大问题是如何维持家计,而不是如何维持健康的心理。

上野　讽刺的是,非正式雇用的单身女士被视作待婚者,她们的实际结婚意愿也很高,数据却展示了完全相反的现实。这十年的变化给我们的最大教训,就是让我们明白女人也需要经济上的稳定。

信田　真的很直白了。

男性的"婚活"与"婚压"

上野　我们研讨班有男学生在研究男性"婚活"(寻找结婚对象)的议题,他认为对男性来说,"婚压"(结婚压力)正在水涨船高。他说"当人群被分为可婚对象与不可婚对象时,婚姻在男性的世界中,就成了业绩至上的竞争指标"。

信田　他就是行走的同性友爱啊。

上野　在中产阶级成立的现代社会,一夫一妻制已经固定下来。即便如此,在此之前,女性一直在男性之间被"不平等分配"了,而现在只是变成了"平等分配"而已。社会学家落合惠美子称其为"生殖平均主义"[1]。

我对那个男学生说："最近又出现女性的不平等分配现象了呢。那我问你，在现代以前，女性的不平等分配是基于什么原理？"他的回答是"属性原理"，认为身份促使女性被不平等分配了。于是我又问："属性原理啊。那么经历了现代的平等分配，再次转化为不平等分配后，它的原理发生了什么改变？"男生的回答是"业绩原理"。他认为，经历过极其短暂的全员结婚社会后，女性的分配原理从属性原理转变为了业绩原理。婚姻成为业绩主义的一个指标后，对男性而言，未婚的事实本身会变成污名。因此他们面临的"婚压"远比全员结婚时代强烈得多。

信田　对男性而言？

上野　是的。他的看法就是女性此前出于别的原因承受过婚压，但是对男性来说，婚压正在逐步加大。在所有人都结婚的时代和结婚人群与不婚人群发生分化的时代，婚压的性质并不一样。

信田　男人凭什么资源结婚呢？

上野　女方其实也带着业绩主义的观点挑选结婚对象吧。所以他们凭借的是地位和经济实力。女人择偶的指标是"男方在同性友爱的男权社会中占据的位置"。无论女性的学历高低，这点都是不变的。

---

[1] 生殖平均主义：认为每一个男性都有权结婚并创建家庭。

年轻男子的女性化与DV的关系

上野 大家都说男人越来越娘了，DV却一点都没减少，甚至出现了约会DV这类新形态，怎么看都像种恶化现象吧。这是为什么呢？

信田 我认为DV与男性的自信丧失和缺失有关联。很多DV案例的导火索，都是源于丈夫遭到妻子的轻视和蔑视。正因如此，社会对男性越苛刻，DV男就越多，这一点都不奇怪。

上野 那些受到"谁小看我我就爆发"的"男子气概"教育的男孩，在这不景气的十年间纷纷长大了，是吧？

信田 但我觉得与其说DV现象增加了，不如说越来越多的受害者知道站出来说"不"，所以看起来增加了。

上野 是啊，有道理啊！男人其实一点都没变，只是女人的容忍度降低了。

信田 是没有变。以前女性只能默默忍受亲密关系中的暴力，但是随着反家暴法制化，现在她们都知道这样不对了。

上野 所以男人没有变，而是女人变了。以前啊，假设一男一女走在路上，女的只是看了别的男人一眼，她的男人就会拳脚相向，骂她是骚货，而且没有人觉得有什么不对。

信田　就是这样。贯一踹倒阿宫，那就是约会 DV 啊。

上野　你是说《金色夜叉》吗？好老哦。（笑）

信田　阿宫只是爱钱，为什么要挨打啊！（笑）[1]

上野　现在男人还觉得女人就该听自己的话吗？

信田　与其说该听话，不如说是他们认为女性应该愿意听自己的话。

上野　所以他们才会不懂得如何与真实的女性相处，反倒觉得虚拟女性更好了。原来如此。

信田　越是沉浸在虚拟世界的人，对真实女性的幻想就越不现实。

上野　所以他们注定会遭到背叛。

信田　每次遭到背叛，还都会异常愤怒。他们愤怒的点在于，你为什么不符合我的期待？我们是这样约好的，你为什么破坏约定？我真的好可怜啊……然后开始打人。

"60 代"男性强迫妻子发生性行为的 DV，以及"20 代"青年带着受害者意识对不符合自身女性幻想的女性施加暴力的 DV，二者的实质是完全没有改变的。

---

[1] 《金色夜叉》是尾崎红叶创作的日本明治时代最具代表性的小说。其中一处著名情节就是女主角阿宫在与未婚夫贯一成婚前转而嫁给了大富翁。贯一在热海质问阿宫，阿宫不愿说出真实想法，于是贯一踹倒了阿宫。（译者注）

非婚化有可能缓解吗？

上野 那是不是说，没有改变的男人不再想挑选女人，结果导致非婚化越来越严重……

信田 可是贫困化的加剧不会导致结婚意愿升高吗？

上野 啊，也对。有结婚意愿却一直没结婚的"30代"都是所谓的"被动非婚"，她们不愿意降低期待值，所以结不成婚。而她们的下一个世代亲眼见证了像"30代"那样只会一直单着的光景，结婚率反而有可能提升。

信田 我认为应该会有越来越多头脑冷静的婚姻，也就是"结婚并不会决定一切"的婚姻。

上野 原来如此！

信田 "都说婚姻能带来社会地位，那不如先结一个看看吧。"

上野 对婚姻不抱有过度的期待，反而使结婚难度下降了。

信田 期待值确实是一直在下降的。

上野 我懂，我懂。"30代"的女生都会说："我先结个婚看看。"从数据分析来看，期待值越低的人，结婚概率越高，而期待值越高的人，结婚概率越低。

信田　那确实,因为真的高不起来。

上野　女性也开始认为婚姻不会改变自己的人生,即使结了婚也可以走自己的女孩之路。

信田　应该还是有人希望走一走结婚的形式吧,穿着白色婚纱在教堂举行婚礼。

上野　那是以前了,现在人们结婚更简单。离异家庭长大的人也有结婚意愿,而对婚姻的安全感要求非常强烈。如果是为了安全感,那人们也许愿意降低期待值,使结婚率上升。不过,婚姻真的能再度成为生活的保障吗?

那"我们"该怎么办?

上野　如果有非婚的年轻人看完我们的对谈,提问:"那我们该怎么办?"请问信田老师您会怎么回答?

信田　如果"我们"是男生……男生没什么好说的。(笑)如果是女生……嗯,我还是会回答:请先让自己具备经济实力。赚钱最要紧,我希望她们千万不要放弃经济独立。

上野　同感。不过我真没想到,心理学家给出的建议竟然与内心无关,而是跟钱有关。(笑)不过,如果一个年轻未婚又是非正式雇用的女性说："我们又不是自愿当非正式雇用员工的。我们只能这么做。"那该怎么办？

信田 我的回答很烂大街——非正式雇用的人，互相之间的团结很重要吧。

上野 我也这么想。刚才我说了一句话，到现在都很感慨，那就是以前贫困有贫困的文化。穷人之间互相帮助就好了。比如合租就是一个办法。

另外还有人说："我没工作又没钱，所以结不了婚也不想结婚。"我想对他们说："日本投降后，那些房子被烧了，被迫疏散到乡下又回来的人还是结了婚生了孩子，并且拼尽全力互相帮助，就这么活了下来。在那个穷困至极的时代，一无所有的男女双方只能彼此扶持着生活，所以结婚率不低。最常见的情况就是两个贫困的人结婚，婚房就是不足七平方米的出租小房间，一个纸箱翻过来当饭桌，所有家当就是两个饭碗，而现在的人就是不想过那种苦日子才不结婚的。

信田 有人认为少年小混混常在二十岁之前结婚，其实那也是应对贫困的一种策略。有的人他们住在出租屋里，连打胎的钱都没有，干脆就这么结婚了。这也是一种贫困文化。遗憾的是，很多时候家庭一旦组建，就会进入孤立的状态。如果能打破那种状态，也许就能预防虐待的发生。

上野 而且即使不是异性恋伴侣，同性恋伴侣、朋友和单亲母亲之间也能互相帮助啊。

信田　这么一来,最重要的就在于自己给自己贴上"贫困人群"的标签?

上野　没错!重在不否认自己的现实。

信田　嗯,的确是这样。需要有承认自己是弱者的力量。因为不寻求援助的人,就无法得到援助。

上野　是的,所以促使人们说出"请帮帮我"的"弱势信息公开"[1]很重要。说到这里,这应该不算是对读者不管不顾的结尾了吧。

1　弱势信息公开:北海道浦河的精神分裂症等疾病患者创办的生活支援机构伯特利之家（Bethel's house）的标语之一。

后记

信田小夜子

　　我一直认为,就算出版几本"对我而言,上野千鹤子意味着什么"的书,也毫不奇怪。因为至少在我看来,上野女士就是如此重要的存在。

　　记得是 20 世纪 70 年代末的一天,我坐在东京 M 市[1]的社会福祉会馆,翻阅着如今已经停刊的《朝日杂志》。那时我刚生下大儿子,失去了工作,好不容易又找了一份每周上一次班的工作,那天正是我的午休时间。翻开杂志最后一页,上面是一张年轻可爱的女性照片,底下写着专栏标题"美国通信"。虽然忘记了内容,但她才气横溢的文章令我大为惊叹。原来世上竟有如此充满才能与知性的女性。仅仅是这一点,就让当时的我有了巨大的希望。这就是我与上野千鹤子的"邂逅"。

　　那时,我历经千辛万苦,才总算能将一岁多的孩子交给育儿嫂,

1　东京都,底下有市、区、町、村。(译者注)

拼命投身并成功实现了"回归社会"。而她在我眼中，就像照亮了漆黑航路的一盏明灯。相信同一代的很多女性，都是这样看待她的。

后来过了将近三十年，我万万没想到，我跟"传说中的上野千鹤子"进行了对谈，对谈还总结成了一本书。我也不敢相信，自己在书中竟亲切地称她为上野女士，不用敬语与她侃侃而谈。不是吹嘘，上野女士写的东西我几乎都读过了。每次读她的文章，我都暗自骄傲，认为我是从一开始就关注她的人。这种感觉就像一个骨灰级的粉丝兴奋地炫耀她的粉籍。

若问我为何要写下这些，其实是有理由的。因为我希望书中反复提到的"30代"，甚至各个世代的女性都能改变视角。如果你们有能量和时间去寻找真正的自己、踏上自我寻觅的旅途、爱上原原本本的自己、希望有人治愈自己，不如抽空读一本上野千鹤子的书吧。我认为，只关注自己的"心灵"，追求"治愈"这种寒酸的话语，其实就像给卷心菜剥皮，只能充当自我安慰，不能解决任何问题。如果要改变视角，上野女士的书将会起到惊人的作用。当然，本书也算其中之一。

也许有人觉得上野女士的书看不懂，那也许是因为她使用了参与男性中心的社会必须掌握的公用语。与之相比，上野女士的口语则无比轻快而好懂。上野女士在这本书里讲到的东西，足以匹敌好几本专业书籍。而她还能轻松配合我的絮语，实在是太厉害了。

曾经，上野女士送给我"当事者性"这个词。我希望给她一个回礼——上野女士是绝不忘记自身当事者视角的人。正因如此，上野女士才能一直着眼于少数群体，才能表现出无尽的温情。

通过这次对谈，我获得了许多话语。那些时机绝妙的尖锐提问让我应接不暇，也让我有了许多新的思考方向。

各位读者读了这本书，如果因此获得灵感，找到方法突破这令人无可奈何的现实，那将是我的万幸。正如我与上野女士邂逅之后，找到了成为心理咨询师的新方向。

多亏责编松户幸子的策划，我实现了多年的梦想。同时还要感谢古屋信吾先生的鼎力相助。

真的非常感谢！

2004 年 3 月

文库版后记

信田小夜子

封面这角度锋利的剪影，一看便是十足的战斗模式。我跟上野千鹤子女士的对谈书籍，能以文库本的形式全新出版，着实令人高兴。

世事总能超出人们的预料。这十年间，我有机会参与了日本内阁府 DV 加害者改造项目的调查研究，以及日本法务省性犯罪者处理方案的起草。凭借前者的关系，我至今仍以 DV 加害者项目推动者的身份展开活动。而且，我有了将近八年的 DV 受害者团体咨询的实践经验。若问我为何如此执着于 DV 问题，是因为婚姻与 DV 的关系就像开车与交通事故（当然，这里说的司机是男性）。二者的不同之处在于，交通事故有第三方目击者，而 DV 的目击者只有孩子。

十年后重读此书，我与上野女士的谈话内容依旧没有过时。这令我十分惊讶。字里行间甚至透露出了我对 DV 问题的初始热情，读来令人大呼爽快。但是反过来说，我这十年来的经验并未能颠覆对谈的内容。也许这就是实践从别国引进的方法和项目的现实。在"DV"这个词广为普及的现在，只要读过这本书，应该就能理解婚姻与DV的关系是何等密切，它与社会机制又是如何相连的。饱受DV伤害的女性会满怀感慨地说："婚姻真的是一场冒险。"然而，不婚的女性并不会因此急剧增加。甚至正因为风险高，期待同样高。正因为不知前路如何，女性才会怀有婚姻也许能改变自己的期待。而且，一旦现实的风险变得更高，婚姻作为最保险的机制，价值也可能随之上升。然而，社会不安定、风险高，这并不会让DV减少。不知有多少女性怀着求稳的心情步入婚姻，却遭到了婚姻的背叛。

本书让人在大笑中接触到十分深入的思考，可谓关于婚姻的最佳指南。希望借这次出版文库本的机会，让各个"世代"的女性，还有男性，都能轻松地拿起本书阅读。

2011年4月

文治
磨铁图书旗下子品牌

更好的阅读

选题策划　潘　良　于　北
特约策划　胡马丽花
特约编辑　金　玲
版权支持　冷　婷　郎彤童　李泽芳
营销支持　金　颖　黄筱萌　黑　皮
装帧设计　别境lab

关注我们

官方微博：@文治图书
官方豆瓣：文治图书
联系我们：wenzhibooks@xiron.net.cn